LES MARTYRS CÉLÈBRES

SON ALTESSE

MIDHAT-PACHA

GRAND VIZIR

PAR

A. CLICIAN VASSIF EFFENDI

PARIS

SOCIÉTÉ ANONYME DE L'IMPRIMERIE KUGELMANN

(L. CADOT, directeur),

12 — Rue de la Grange-Batelière — 12

1909

SON ALTESSE

MIDHAT-PACHA

GRAND VIZIR

SON ALTESSE

MIDHAT-PACHA

GRAND VIZIR

PAR

A. CLICIAN VASSIF EFFENDI

PARIS

SOCIÉTÉ ANONYME DE L'IMPRIMERIE KUGELMANN

(L. CADOT, directeur),

12 — Rue de la Grange-Batelière — 12

1909

PRÉFACE

Le livre qui va suivre est le testament d'un honnête homme, le commandeur Clician, devenu, par degrés successifs, le secrétaire, le conseiller écouté, l'ami du célèbre grand vizir Midhat-Pacha.

Voici brièvement les états de service — si l'on peut dire ainsi — de Clician-Vassif-Effendi :

Inspecteur de la navigation du Danube (1867);

Chef des bureaux du gouverneur général d'Arabie (administration Midhat 1867-1872);

Chef des bureaux du gouverneur général de Salonique (administration Midhat 1872-1873);

Secrétaire et conseiller de Midhat-Pacha, grand vizir (1876);

*Exilé volontaire, par suite du bannisse-
ment de Midhat (1876-1877);*

*Directeur du bureau politique du vilayet
de Syrie, après le retour en Turquie de
Midhat (1878);*

*Réfugié à l'étranger, lors de l'arrestation
et de la condamnation à mort de Midhat
(1881).*

*Les hautes et difficiles situations politiques
que Clician a occupées sont un titre de notoriété publique. Le titre de gloire est la fidélité,
l'affection invincible gardées, par Clician,
envers Midhat, que celui-ci fût grand-vizir
au faîte des honneurs, ou fût prisonnier
d'État dans la geôle sordide de Taïff Boury.*

*Clician a tout sacrifié — dignités, honneurs,
ambition légitime — pour se montrer lige à
Midhat. Et cela a continué sans défaillance,
quand Midhat, assassiné, fut cloué dans le
cercueil — quand tout montrait en perspective,
aux hommes qu'avait protégés Midhat, la
pauvreté, l'exil et les souffrances.*

*Au moment de la disgrâce de Midhat, la
seule voix, qui osa s'élever afin de présenter*

la défense du célèbre novateur ottoman, fut la voix de Clician !... Au su de la condamnation et de l'assassinat de Midhat, l'unique protestation indignée, l'unique cri d'horreur, que fit entendre la bouche d'un sujet turc, furent la protestation et le cri de Clician.

Ce geste est beau !

Ceux qui ont eu l'honneur de compter parmi les intimes de Clician — j'étais de ce nombre — s'étonnaient au sujet de ses connaissances variées. Il parlait et écrivait fort correctement le turc, l'arabe, l'italien, le français et l'anglais. Il pouvait soutenir n'importe quelle conversation en allemand.

Dans les affaires de Syrie, il avait témoigné de la meilleure science diplomatique et administrative. Les négociations incessantes qu'il dut soutenir avec le gouvernement français, protecteur des Libanais, avec le gouvernement anglais, protecteur des Druzes, avec le gouvernement allemand, qui, en Syrie, cherchait partout des protégés, sont des prodiges d'habileté et, en même temps, des preuves de loyauté absolue. Les amis de

Clician, toutefois, ont gardé le souvenir de son caractère inflexible et droit, plus volontiers que le souvenir de ses multiples talents.

J'ai dit, ci-dessus : le livre qui va suivre est un testament.

En effet, Clician, fatigué par les vicissitudes extrêmes de sa vie et tombé gravement malade, s'était retiré au Caire, où les princes de la famille khédiviale lui firent grand accueil. C'est en Egypte qu'il écrivit le livre que Mme Clician et les amis de Clician présentent aujourd'hui au public.

Mort le 1er avril dernier, Clician a dicté les dernières pages au moment où il entrait en agonie.

L'œuvre est le récit documenté, irréfutable d'un témoin véridique, qui s'est efforcé de parler avec calme. C'est, en premier lieu, le solde de la dette de reconnaissance que Clician avait souscrite en faveur de Midhat. C'est donc le panégyrique de Midhat ; et pour Clician, ce ne pouvait pas être autre chose.

Le livre, cependant, est curieux à tous les points de vue. Il abonde en renseignements divers, en documents inédits. Il doit entrer dans la bibliothèque du personnage s'occupant de politique; dans les dossiers de l'historien étudiant les questions orientales; et même sera feuilleté très volontiers par ceux que passionnent les drames mouvementés.

Pour ces derniers lecteurs, l'intérêt sera d'autant plus vif que les péripéties ne sortent pas de l'imagination fertile du narrateur. Ici, chaque événement est le fait réel, vécu. Ici, pas de fiction qu'on accepte plus ou moins mollement; mais la réalité absolue, la force inéluctable faite de persuasion et d'émotion!

Plusieurs mystères seront éclaircis par le témoignage de Clician, et, parmi ceux-ci, celui relatif à la mort du sultan Abdul Aziz. Le lecteur du présent livre comprendra pourquoi fut facile le triomphe de la « Jeune Turquie », luttant hier, au nom du pays préparé à ce triomphe, contre le sultan Abdul-Hamid. Le lecteur verra se poser plusieurs des graves problèmes que renferme la question d'Orient et il en pressentira la solution. Il se convaincra enfin que le vaste empire turc

est un pays avec lequel il faut dorénavan
compter ; que les races belliqueuses, intelligentes, habiles, qui le composent, ne sont pas
abâtardies !...

En effet, voici les Macédoniens, dont le
sang est celui des héros d'Alexandre le Victorieux ; voici les Arabes, qui ont à peu près
conquis le monde et qui, partis de Médine,
sont arrivés jusqu'à Tours ; voici les Turcs,
qui ont soumis l'Orient : les Hellènes, qui ont
créé la splendeur de l'Ionie antique... et bien
d'autres !

L'idée de Midhat, l'idée de faire, en unis-
sant de telles races privilégiées, un empire
homogène, ne fut pas le rêve d'un fou. Il
existe des amalgames, où l'or abonde, qui
paraissent je ne sais quel plomb méprisable,
et qui, après le passage à la fournaise,
forment la statue fulgurante. L'Orient est
encore la contrée d'où sortira, tôt ou tard,
quelque nation forte. Ex Oriente lux. C'est
le mot que répétaient volontiers Midhat et
Clician. Ils se croyaient destinés à réveiller
les races ottomanes, à leur présenter l'idéal

élevé bien différent des querelles basses et locales si avivées par la diplomatie méfiante des puissances européennes.

Le but était franchement indiqué, les moyens de parvenir ne faisaient pas défaut.

Le but : le relèvement de l'empire ! Les moyens de parvenir : la liberté et la participation du peuple au gouvernement de l'Empire !

Octroyer des droits et des devoirs égaux à tous les Ottomans; voir, dans le sultan, un administrateur prudent et non un despote maniaque; activer les grands échanges commerciaux qui, tout en créant la richesse, solidarisent les nations; ouvrir des routes, tracer des canaux, construire les voies ferrées, creuser les ports; établir, à l'aide de députés choisis par la nation, le contrôle sur la gestion financière de l'Etat; donner à la femme une situation moins effacée...

Voilà les rêves d'autrefois qui seront les réalités de demain !

S'il m'est permis d'ajouter, au témoignage de Clician sur Midhat, le mien, je dirai que, pendant le séjour de Midhat à Naples, il m'a été donné d'écouter le grand novateur... Il m'exposait, avec feu, ses projets grandioses.

Clician, comme Midhat, parlait, en inspiré, de l'Orient régénéré ! Quelle foi intransigeante ces deux hommes, qui devaient tant souffrir, avaient dans la cause qu'ils soutenaient !

Le livre de Clician est œuvre de précurseur. Ce livre vient à l'heure voulue et propice.....

Il est bon, pour la Turquie, — pour l'Europe, sans doute — qu'un écrivain ait précisé ce que les novateurs turcs ont désiré il y a vingt ans, et quels matériaux ces novateurs vont cimenter aujourd'hui, dans la nouvelle bâtisse.

Cet écrivain, le voici !
Je lui laisse la parole !

ALEXANDRE D'AGIOUT.

SON ALTESSE

MIDHAT-PACHA

GRAND VIZIR

CHAPITRE PREMIER

MA FAMILLE. — JE SUIS PRÉSENTÉ A MIDHAT-PACHA, GOUVERNEUR GÉNÉRAL DU VILAYET DU DANUBE. — MES DÉBUTS DANS LE JOURNALISME ET DANS L'AD-MINISTRATION GOUVERNEMENTALE.

Quelques mots sur ma famille, sur moi, sont nécessaires.

Je les dis, sans but de gloriole individuelle, afin que l'on comprenne comment j'ai pu, pourquoi j'ai dû, écrire le présent livre.

La position d'absolue confiance, que j'eus l'honneur d'occuper, longtemps, près de S. A. Midhat-Pacha, m'a permis d'être au courant de négociations, d'intrigues peu ou point divulguées jusqu'à présent.

La vénération, que j'ai gardée envers la mémoire de l'héroïque Martyr, m'a déterminé à saisir la plume.

Le public doit apprendre, à l'aide d'un témoignage véridique et par la lecture de documents inédits, à quelle hauteur s'élevèrent la fermeté d'âme, la sérénité de cœur et la pénétration d'esprit de l'illustre grand vizir, qui, le premier, voulut réformer et développer, au moyen de la liberté, la puissance ottomane et donner le bien-être à mon pays.

Ma famille est d'origine dalmate. Elle vivait, dans l'aisance, sur les bords du Danube, à Roustchouk. Je fus, à l'âge de huit ans, envoyé à Constantinople, et placé au pensionnat de Bébek sur le Bosphore. Cet établissement avait pour directeur l'abbé Boré.

Deux ans plus tard, feu mon père me conduisit en France, au collège de Juilly, près de Meaux, où je restai trois ans.

Ma famille me destinait au commerce et désirait que j'apprisse les langues étrangères, et que je suivisse, à un moment donné, en Suisse, des cours de hautes études commerciales.

Ce fut pour cela que je me rendis assez tôt à Zurich, où se trouvait un établissement *ad hoc* ouvert par le professeur Stapfer.

Mon père me rappela près de lui, dès qu'il pensa que mon instruction professionnelle était complète. Il avait fondé une maison de banque, dont la clientèle fut riche et nombreuse. Il me chargea, dans ses bureaux, de la correspondance étrangère.

Toutefois, — je dois l'avouer — mes occupations commerciales ne me plaisaient qu'à demi. Je rêvais devenir journaliste ; je parlais, à tout propos, de politique, de polémique et d'exposer mes idées par le moyen de la presse.

Ma famille comprit ma vocation, et — sans enthousiasme, il est vrai — me laissa libre de choisir la carrière préférée.

Je dois dire que la vie menée par moi, loin de la Turquie, et surtout en Suisse, avait éveillé, dans mon esprit, des idées d'indépendance, de liberté, et que je me révoltais facilement devant le spectacle d'une administration publique incapable et ignorante... L'administration ottomane possédait malheureusement de grands défauts, et je la censurais assez librement.

Ma *copie* passait fort inaperçue... Mais, tout à coup, un événement me permit d'acquérir la notoriété.

La Russie avait chassé, certes inhumainement, de son territoire, des peuplades entières de Circassiens. Les populations ottomanes accueillirent, avec le plus louable empressement, ces pauvres exilés.

Ce fut toujours, au reste, l'honneur de la Turquie de se montrer charitable devant les malheurs de ce genre. L'historien Urquhart a écrit judicieusement :

L'empire ottoman est le seul qui ait été, de tout temps, et soit, encore aujourd'hui, l'asile des opprimés, des réfugiés politiques et des expulsés. On ne peut ignorer l'accueil hospitalier fait présentement par la Turquie aux bannis autrichiens et polonais, malgré les protestations des gouvernements de Vienne et de Saint-Pétersbourg.

On peut citer également, sur ce chapitre, l'histoire de Charles XII. Ce souverain suédois, on le sait, battu à Pultova, en Russie, se réfugia sur le territoire turc, à Bender, avec 18,000 hommes. Le sultan Achmet III fournit toutes les provisions nécessaires à ce corps d'armée, et donna, par jour, 500 écus, à l'héroïque vaincu (1).

Les autorités autrichiennes déversaient, sur le territoire ottoman, les Circassiens, amenés, à Roustchouk, au moyen de chalands qui avaient été construits pour le transport du bétail. Les autorités ottomanes n'avaient rien préparé, ni vêtements ni subsistances. Le président de la *Commision des immigrants*, Circassien lui-même et qui possédait la dignité de

---

(1) Voir l'*Histoire de Charles XII*, par Voltaire.

pacha, ne s'occupait aucunement de ses devoirs... Quel spectacle d'indescriptible misère que celui qu'offraient les troupes de bannis mourants de faim et de fatigue sur les quais de Roustchouk !... Je fus bouleversé !... J'écrivis un article véhément!... J'osai viser, en plein visage, Noustrat-Pacha, surnommé le *Déli*, — c'est-à-dire le *Fou* — le président de la commission.

Ma critique attira l'attention du gouvernement.

S. Exc. Midhat-Pacha était, à cette époque (1866-1867), gouverneur général du vilayet du Danube (1). Le gouvernement l'avait muni des pouvoirs les plus étendus relativement à la mise en exécution de la nouvelle loi des vilayets, loi que Midhat avait élaborée, et que S. M. I. le Sultan Abd-ul-Aziz avait sanctionnée sans difficulté.

S. Exc. Midhat-Pacha comprit toutes les fautes commises par Noustrat-Pacha. Malgré les hautes protections dont jouissait, à Constantinople, ce dernier fonctionnaire, celui-ci fut destitué à la suite d'un rapport envoyé, par Midhat-Pacha, au ministère. Le service de la *Commission des immigrants* fut confié à un

---

(1) Midhat, en qualité de Pacha, n'avait, alors, droit qu'au titre d'Excellence.

jeune officier d'état-major dont la clairvoyance de Midhat avait deviné les talents rares.

Ce jeune officier fournit la plus brillante carrière. Il devint, par la suite, ambassadeur à Saint-Pétersbourg : c'est S. Exc. Achmet Chakir-Pacha, diplomate du plus haut mérite, général au brillant courage, un des hommes dont la Turquie contemporaine doit, à juste titre, s'enorgueillir !

Mon père était très lié avec Midhat-Pacha. Le gouverneur général dit à mon père, certain jour : « Connaissez-vous, parmi les étrangers établis à Roustchouk, celui qui a écrit l'article à propos de la *Commission* ? Cet article fait du bruit, même à Constantinople, et m'a été signalé par S. A. le grand vizir Aaly-Pacha ! » Mon père avoua n'avoir aucune notion à cet égard ; et c'était absolument vrai.

Le soir, à table, mon père raconta son entretien avec le gouverneur général, et, s'adressant à moi : « Antoine, tu fréquentes beaucoup de journalistes... Pourrais-tu m'indiquer l'auteur de l'article ? »

Je me mis à rire et répondis : « C'est moi ! »

Mon père se prit de colère : « Quoi ! je t'ai fait donner de l'instruction pour que tu censures l'administration du pays dans lequel nous vivons ! »

— Père, j'ai parlé au nom des principes de

justice et d'humanité que vous m'avez enseignés, et que mon séjour dans des pays libres a fortement ancrés dans mon cœur.

L'excellent homme répliqua simplement : « Tu m'accompagneras demain chez le gouverneur général, et je m'efforcerai de te faire obtenir le pardon de cette incartade. »

J'avoue que l'idée de demander pardon ne me souriait pas.

Le lendemain, je dus, par ordre de mon père, me coiffer du *fez* — calotte rouge. Nous fûmes reçus par le gouverneur général aussitôt notre arrivée à sa résidence. Le pacha fumait sa bonne pipe de 2 mètres de longueur. Il se leva, nous tendit la main et dit joyeusement : « Bonjour, capitaine Lucas ! »

Ici, je dois faire une digression, car mon père ne fut jamais capitaine et ne s'appelait pas Lucas.

Lorsque S. M. I. le Sultan Mahmoud fit son premier voyage de navigation sur le Danube, il avait choisi un bateau à vapeur, commandé par mon oncle, Jean Clician, connu à Constantinople sous le nom de Ielick Captan. Mon père était à bord. A l'instant où le souverain débarquait à Roustchouk, mon oncle, à la coupée, saluait l'empereur, et mon père était sur la passerelle. Celui qu'on voyait se tenir debout au poste de commandant fut pris, par le public massé sur le quai, pour le capitaine du vaisseau. Certain plaisant affirma reconnaître le capitaine Lucas... Cela fit rire dans notre intimité, et l'on nomma, depuis, mon père le capitaine Lucas.

Mais revenons à mon premier entretien avec Midhat-Pacha.

Le gouverneur général demanda à mon père qui j'étais.

— Excellence, c'est mon fils qui implore votre clémence !

— Qu'a-t-il donc fait ? Quelque folie de jeunesse ?... En tout cas, laissez-moi l'interroger !

A ce moment, je connaissais la langue française beaucoup mieux que la langue turque. Le gouverneur général s'en aperçut tout de suite et continua dans le plus pur français.

— Jeune homme, de quoi êtes-vous coupable ?

— De rien, à mon avis, Excellence ! Au reste, Votre Excellence jugera, et j'accepte pleinement, d'ores et déjà, sa sentence. Je suis l'auteur de l'article relatif à l'incurie avec laquelle les malheureux réfugiés circassiens ont été accueillis sur le territoire turc. J'ai la conviction que Votre Excellence, que mon père, n'imputeront pas à crime le blâme que j'ai osé jeter sur les agissements de la Commission, au nom de l'humanité !

— Je suis de votre avis, jeune homme ! Mais vous avez dépassé les bornes ! Pourquoi avez-vous attaqué le gouvernement qui s'occupait déjà, au moment où vous écriviez, de mettre fin à des erreurs et de les réparer ?... Laissons cela ! Que faites-vous ?

— Rien de bon, ni de mauvais...

— Je veux que vous fassiez quelque chose de bon ; et, dès demain, vous entrerez au service du gouvernement !...

Je ne pus que balbutier des remerciements.

Midhat-Pacha se tourna vers mon père et lui fit, en souriant, compliment de ma nouvelle position.

Quelques minutes après, un haut fonctionnaire, appelé par le gouverneur général, salua respectueusement le Pacha, écouta un ordre, donna la main à mon père et me dit en très bon français :

— Monsieur, Son Excellence me déclare que, dès demain, vous viendrez travailler au bureau de la politique générale, bureau dont je suis le directeur.

J'appris, en sortant, que ce directeur était S. Exc. Odian-Effendi, Arménien, homme instruit, affable, intelligent, très capable et d'une probité à toute épreuve. Odian-Effendi n'eut pas le sort qu'il méritait. Lorsque Midhat-Pacha, grand vizir, voulut commencer les réformes,

1.

Odian se montra le partisan le plus convaincu, le plus zélé, des innovations. Lors de la disgrâce de Midhat, Odian, qui avait occupé le poste de sous-secrétaire d'Etat aux affaires étrangères et qui, dans cent occasions, aurait pu s'enrichir, se réfugia à Paris où il mourut dans le plus extrême dénuement. La figure d'Odian-Effendi est une des plus pures de notre histoire contemporaine. Le pays, qui produit des hommes de ce genre, est un pays à l'égard duquel toutes les espérances sont permises.

Le lendemain de l'audience racontée plus haut, audience où j'étais entré maussade, et dont je suis sorti ravi, je commençai à travailler dans les bureaux de l'Etat.

Quinze jours se passèrent placidement.

Au bout de ce court laps de temps, j'appris, avec stupéfaction, que le gouverneur général s'était occupé de la création du « service général des travaux publics » ; que Kevork-Effendi venait d'arriver de Constantinople, afin de diriger cette administration où j'étais nommé chef du secrétariat.

On organisa le corps des ingénieurs. On commença la construction des routes. J'étais chargé de surveiller la marche des travaux, de tenir la comptabilité et de grouper les diverses sections.

Le gouverneur général conçut bientôt le projet de former une « Société ottomane de la navigation danubienne ». Il mit, à la tête de cette nouvelle administration, Chakir-Bey — celui qui devint plus tard S. Exc. Achmet Chakir-Pacha. — Je fus placé auprès du directeur, avec le grade d'inspecteur. Au bout d'un an, les navires, dont nous avions donné la commande à Vienne et à Linz, nous arrivèrent.

On m'envoya à Constantinople afin de négocier avec les « Messageries impériales françaises » un traité relatif au transbordement des marchandises, à Galatz, entre les navires des deux Sociétés et régulariser un service direct entre Constantinople et les villes du Danube.

Je réussis, paraît-il, puisque le grand vizir Aaly-Pacha fut content, et m'envoya, « en signe de satisfaction », l'ordre équestre du Medjidié.

Tout le temps que Midhat-Pacha fut gouverneur de la Bulgarie, je fus occupé, plus ou moins directement, à ses côtés. Il me fut, dès lors, facile de comprendre vers quel point se tournait ses efforts. Il désirait faire, du vilayet bulgare du Danube, une sorte de Belgique, riche par l'industrie et le commerce, heureuse par le développement de l'instruction et du bien-être. On peut lire les journaux locaux de l'époque : tous parlent de la prospérité du pays ; tous se montrent reconnaissants envers Midhat.

Pour ce grand homme d'Etat, aucune amélioration ne devait être négligée ou simplement ajournée. Ainsi il s'occupa fiévreusement d'une organisation qui permît, aux populations pauvres du vilayet, de sortir des griffes des usuriers. Ceux ci, qu'on nommait là-bas les *négociants*, parcouraient les campagnes, offraient aux fermiers besogneux de l'argent à des taux forts lourds, et achetaient à vil prix, par contrat, les récoltes futures. Les paysans, indignement exploités, tombaient dans la misère noire.

Midhat-Pacha résolut de former, dans chaque village, un « Conseil des anciens », avec lequel le gouvernement pourrait traiter. Les terres domaniales, fort nombreuses, seraient confiées à ces *anciens* et mises en culture. Le gouvernement, pour la première année, fournirait le blé-nécessaire aux semailles. Cette avance devait être soldée après la récolte et le produit de la vente du blé versé au Conseil des anciens. Celui-ci accepterait de prêter, à 2 0/0, aux paysans besogneux, dès que ceux-ci se serviraient de l'argent en vue d'achat de bétail ou d'instrument aratoires.

Ce système ingénieux dota chaque village d'une banque agricole ; et, au bout de trois ans, il y eut des millions en caisse. Les usuriers n'osèrent plus se montrer. Les paysans portèrent aux nues le nom du gouverneur général.

Cette institution existe toujours dans l'actuel royaume de Bulgarie. Elle fonctionne fort bien. Elle est, sans contredit, un titre de gloire pour Midhat-Pacha.

Toutes les améliorations administratives, cependant, étaient poursuivies au moment où Midhat avait les plus graves préoccupations sur le terrain politique, au moment où il n'avait pas les coudées franches, par suite de l'opposition que faisait S. A. le grand vizir Aaly-Pacha à presque toutes les propositions du gouverneur général relatives à une réorganisation complète du vilayet.

Cette lutte, entre les deux hauts fonctionnaires, fut habilement mise à profit par les agents de la Russie. Cette dernière puissance ne manquait aucune occasion de semer, en Bulgarie, par tous les moyens, les germes du panslavisme. Chaque année, un grand nombre de jeunes Bulgares étaient reçus dans les universités de Kiew et d'Odessa, où ils obtenaient des *bourses*. A leur retour chez eux, ils propageaient les idées du cabinet de Saint-Pétersbourg. Le danger était évident pour l'intégrité de l'empire ottoman. Midhat-Pacha, en vue de contrecarrer les menées séparatistes, créa des écoles supérieures qui offraient une instruction solide, tout à fait moderne, aux chrétiens et aux musulmans. Les étudiants, dès lors, n'eurent plus besoin de s'expatrier.

La tâche de gouverneur n'était pas facile, certes, pour Midhat.

M. André Barre — dans son livre intitulé : *L'Esclavage blanc* — a expliqué, fort justement, la cause des dissentiments qui séparaient les populations ottomanes du Danube — dissentiments que nous retrouvons, aujourd'hui, en Macédoine.

M. Barre écrit :

La Turquie est un Etat théocratique. La nationalité s'y traduit par la religion. La Turquie ne reconnaît des nationalités différentes que dans le cas où celles-ci se réclament d'un culte spécial. La population du vilâyet du Danube était, en majorité, slave. Elle demanda la séparation de l'Eglise orthodoxe pour se détacher du patriarcat grec de Constantinople. Le grand vizir, heureux d'intervenir dans les affaires religieuses des chrétiens et se croyant sûr de semer la discorde entre eux, fit pression sur le patriarcat pour satisfaire les revendications des sujets slaves. C'est la conséquence de cette politique désastreuse que Midhat-Pacha tâcha de faire comprendre au grand vizir, lui faisant remarquer que le jour où les populations obtiendraient la séparation de leur Eglise en nommant un chef spirituel, indépendant du patriarcat de Constantinople, le gouvernement serait forcé de reconnaître l'existence d'une nouvelle nationalité dans l'empire.

Les efforts de Midhat-Pacha furent brisés par la volonté du grand vizir. Un firman impérial fut promulgué à cet effet le 11 mars 1870.

Ce firman érigeait, en face de l'Eglise œcuménique, l'autorité rivale d'une Eglise exarchiste. L'exarque bulgare fut élu et reconnu par la Sublime-Porte.

M. Barre ajoute avec clairvoyance :

Les luttes des Serbes et des Bulgares contre le patriarcat de Constantinople ont eu pour conséquence d'établir, en Macédoine, au point de vue religieux, une situation inextricable. D'après les affirmations bulgares, il résulterait :

1° Que, partout où il y a des Slaves, l'Exarchat doit **prévaloir** ;

2° Que tout exarchiste est Bulgare ou bulgarophile.

Les Serbes défendent leurs compatriotes à la fois contre la propagande grecque et contre la propagande bulgare. Ils allèguent, avec assez de raison, qu'on n'est pas nécessairement grec parce qu'on lit les offices en langue grecque, qu'on n'est pas nécessairement Bulgare parce qu'on parle un idiome slave et qu'on adhère à l'exarchat.

La discussion religieuse est donc loin d'éclairer l'imbroglio macédonien. L'Europe comprend difficilement, au vingtième siècle, les divisions religieuses. En tout cas, ni la psychologie du Phanar, ni la série de ces différends entre Bulgares et Serbes, ne permettent de décider nettement du sort de la Macédoine.

C'est dans le dissentiment qui surgit, en 1869-1870, entre le grand vizir et le gouverneur général du vilayet du Danube, qu'il faut chercher l'origine des malheurs que subit la puissance ottomane, la guerre russo-turque, la création de la principauté de Bulgarie et le reste !... Ce reste est loin d'être encore liquidé.

Mais n'anticipons pas sur les événements, et reprenons notre rôle d'historien au jour le jour.

Les contestations entre Aaly-Pacha et Midhat-Pacha devinrent aiguës. Le premier rappela le second à Constantinople, où celui-ci reçut la présidence du Conseil d'Etat.

Midhat-Pacha arrivé sur le Bosphore m'appela près de lui. Il me confia le poste de commissaire impérial près des chemins de fer de Smyrne et près de la « Société des quais », dont la maison française Dussaut avait obtenu la concession.

J'attendais, à Constantinople, près de Midhat, ma nomination officielle, lorsqu'un événement inattendu vint tout modifier,

Midhat, un beau matin, fut appelé en hâte au palais de Sa Majesté Impériale. Celle-ci annonça à Midhat qu'il était nommé commandant en chef du 6e corps d'armée, dont le point de concentration se trouvait à Bagdad et qu'il fallait partir immédiatement parce qu'on craignait un soulèvement des Arabes.

Le lendemain, nous eûmes l'explication de cet ordre précipité du Sultan.

Le grand vizir Aaly-Pacha considérait avec dépit la popularité grandissante de Midhat-Pacha à Constantinople et se souvenait de celle que l'ex-gouverneur général s'était acquise en Bulgarie. Aaly possédait, en outre, des indices certains que l'influence de Midhat, en face du Sultan, s'établissait, chaque jour, plus solidement. Aaly vit, dans Midhat, un rival prêt à le supplanter.

Le grand vizir, dès lors, se décida à nouer une intrigue dont le but consistait à envoyer Midhat dans la province la plus reculée de l'Empire.

Aaly-Pacha possédait la plus vive intelligence, mais son esprit superficièl n'aimait pas à mûrir les résolutions. Il répétait volontiers le mot de Louis XV : « Après moi, le déluge ! ». Enfin, il avait un penchant pour les petits coups de théâtre et l'emploi des *manœuvres*.

Il se rendit, fort agité, chez Sa Majesté Impériale et lui dit :

« Je suis obligé de dire à Votre Majesté

Impériale la vérité entière !... Il faut sauver le pays menacé par un grand danger. Une des plus importantes provinces de l'Empire, l'Irak (l'Arabie), va se révolter. Si la rébellion éclate, comme je ne saurais en douter, nous marchons à des désastres !... L'Angleterre, à cause de la proximité de ses possessions hindoues, ne demande qu'à voir des troubles surgir en Arabie ! En effet, dans ce cas, l'Angleterre interviendrait, nous créerait les plus sérieux embarras et jetterait ses griffes sur un coin de notre territoire de la mer Rouge ou du golfe Persique. »

— Que faire dans ces conditions ? demanda le Sultan.

— A mon avis, répondit le grand vizir Aaly, un seul homme peut, s'il part sans aucun délai, rétablir d'ordre, organiser l'administration civile et militaire, aplanir les difficultés, éviter l'effusion du sang dans l'Irak et les complications diplomatiques à Constantinople ; cet homme, c'est Midhat-Pacha !... Je suis convaincu que l'Europe applaudirait à la décision que Votre Majesté Impériale pourrait prendre dans ce sens !... Midhat-Pacha jouit, à juste titre, de la confiance de Votre Majesté et de celle des gouvernements étrangers ! En l'envoyant à Bagdad, en lui conférant les pouvoirs les plus étendus, je vois le salut de l'Empire ! »

Le Sultan ne se douta pas de la manœuvre d'Aaly.

Sa Majesté fit appeler immédiatement Midhat et le chargea, séance tenante, d'aller pacifier l'Arabie, sans aucune perte de temps.

Midhat comprit d'où venait le coup. Mais qu'objecter devant un ordre précis du Sultan ? La rapidité du départ fut si grande qu'elle ne permit pas de télégraphier à Bagdad, afin de prendre des renseignements et savoir exactement ce qu'il y avait de vrai dans les assertions du grand vizir.

CHAPITRE II

LE VOYAGE D'ARABIE. — LE SÉJOUR A BAGDAD. —
NOUS QUITTONS L'IRAK.

La suite de Midhat-Pacha fut formée en quelques heures.

Elle comprenait : Achmet Chakir-Pacha, Keussé Raïff-Effendi (actuellement pacha) ; Hamdy-Bey, fils de S. A. Ethem-Pacha ; Hamdy-Bey, fils de Hassan-Pacha ; Namouk-Bey, neveu de Midhat-Pacha, plus l'auteur du présent livre (depuis lors je fus nommé Vassif-Effendi), Païfan-Aga, et un enfant abandonné que Midhat avait trouvé dans les rues de Nisch. Ce dernier avait reçu de Midhat le nom de Midhat-Effendi.

Le reste était formé par des employés subalternes qui ne joueront aucun rôle dans cette histoire.

Un navire de l'amirauté fut mis à la disposition de Midhat-Pacha. Ce navire, le *Fallia*, devait nous transporter à Alexandrette.

Je ne dirai pas toutes les péripéties que nous subîmes pendant la traversée. Notre capitaine était un vieux bonhomme ayant le grade de capitaine de vaisseau, mais à qui faisaient défaut les notions les plus élémentaires relatives à la navigation. Sans la présence d'un pilote assez capable, la mer, fouettée par la tempête, nous aurait engloutis, et nous n'aurions jamais pu savoir où se trouvait Alexandrette. Nous fîmes, à Samos, une relâche forcée de deux jours. Enfin, nous abordâmes à destination, Dieu sait comment !

A. Alexandrette, nous montâmes à cheval ; et, en cinquante heures, à peu près, nous joignîmes Alep.

Il m'est impossible de dire, en détail, la magnifique réception que fit, à Midhat-Pacha, le gouverneur général de la province. Contentez-vous, chers lecteurs, de savoir qu'à une distance de deux heures de la ville, on avait dressé une vaste tente où ledit gouverneur général, entouré de nombreux officiers, généraux et supérieurs, tous en grand uniforme, attendait Midhat ; que les troupes régulières, bien alignées, étaient présentes avec leurs musiques ; qu'un millier de cavaliers irréguliers se livraient à une fantasia endiablée ; qu'on nous servit plus de cent sortes de rafraîchissements ; qu'on nous fît monter sur des chevaux arabes de la plus rare beauté ; que ces chevaux avaient des harnachements de velours brodé d'or. Notre pauvre Orient présente souvent d'admirables spectacles de splendeur et de richesse !

L'entrée du cortège, dans les murailles d'Alep, fut absolument féerique. Toute la population acclamait le « grand homme » ! Chacun avait endossé les plus riches habits ! Le soleil éclatant semait des paillettes éblouissantes sur les armes, les costumes, les dorures !... Aucune description ne peut indiquer la multiplicité des couleurs, des tons, des lignes ; les éclats des cuivres, des voix ; la beauté d'un pareil spectacle !

A Alep, nous comprîmes aisément le plan ingénieux dressé par Aaly-Pacha en vue d'expédier loin de Constantinople Midhat-Pacha. Celui-ci avait vu juste, quand il nous expliquait, au départ de Stamboul, qu'il « y avait là-dessous une rouerie du grand vizir ». Le gouverneur général d'Alep se montra fort étonné lorsque Midhat lui parla de l'effervescence constatée dans l'Irak, et affirma que les Arabes se tenaient fort tranquilles.

Notre séjour, à Alep, dura huit jours. Il fallait prendre les dispositions nécessaires pour un long voyage à cheval.

D'Alep, nous allâmes à Ourfa ; d'Ourfa, directement à Diarbékir. Nous faisions de neuf à dix heures de trot par étape ; et le voyage dura dix jours.

L'entrée à Diarbékir fut aussi triomphale que celle que nous eûmes à Alep. Le gouverneur général de la province de Diarbékir était, à ce moment, Ismaïl Hakky-Pacha.

Pendant notre arrêt à Diarbékir — huit jours — Midhat-Pacha visita les écoles, les hôpitaux, les tribunaux et les prisons.

Ici, je dois raconter un fait qui prouve combien Midhat était foncièrement bon.

Pendant son séjour dans le vilayet du Danube, en qualité de gouverneur général, Midhat apprit qu'un certain Iovan, d'origine serbe, habitant de Keupru-Palanka, avait été envoyé à Roustchouk, par les comités panslavistes, pour attenter à sa personne.

Arrêté, Iovan fit des aveux complets.

Midhat, par un scrupule louable, ne voulut pas qu'une affaire, qui visait spécialement le gouverneur général du vilayet du Danube, fût jugée dans ce vilayet. Midhat craignit que les magistrats ne se laissassent influencer par la position qu'il occupait, car les magistrats étaient des officiers placés sous ses ordres, et se montrassent trop sévères. Il expédia Iovan à Constantinople. Là, le tribunal condamna le conspirateur à l'exil perpétuel avec internement à Diarbékir.

En visitant les prisons, Midhat-Pacha reconnut, parmi les détenus, Iovan. Il lui donna quelques secours en argent, et pria, à plusieurs reprises, Ismaïl Hakky-Pacha de réserver au misérable les menues faveurs consenties par les règlements.

Nous fîmes de nouveaux préparatifs de voyage. Nous laissâmes nos chevaux à Diarbékir ; et nous partîmes sur des *kéleks*, en direction de Mossoul.

Les kéleks sont les radeaux qui naviguent sur le Tigre. On sait que le Tigre est le large fleuve qui, partant des montagnes d'Arménie, passe à Diarbékir, Mossoul, Bagdad, et se réunit, à l'Euphrate, près de Chatt-el-Arab, non loin de Bassora.

Les kéleks sont construits d'une façon ingénieuse, quoique simple. On prend de 100 à 200 outres. On les gonfle ; on les réunit au moyen de cordages. On pose, sur les outres, des planches ; et, sur la plate-forme obtenue ainsi, on dresse des tentes.

Toutefois, dès qu'il s'agit de grands personnages, les tentes sont remplacées par des cabines, en voliges, dont le toit est formé à l'aide de branches d'arbre garnies de feuillage. Ces cabines renferment des matelas et quelques meubles sommaires.

On prépara, pour Midhat et sa suite, douze kéleks fort confortables. Le Pacha eut une superbe cabine sur le premier kélek, où il était seul avec le serviteur chargé de préparer le café et de bourrer la pipe du maître.

La suite s'organisa, par trois ou quatre, dans les cabines des autres radeaux. Deux de ceux-ci portaient les bagages. Le dernier était destiné à la cuisine.

Chacun était fort à son aise.

Les radeaux, on le conçoit, vont plus ou moins vite, selon la rapidité du courant. Ils s'avancent en tournoyant. Deux mariniers, l'un à droite, le second à gauche, sont armés de grandes perches, dont ils font usage afin d'empêcher le kélek de s'approcher du rivage, où il s'enliserait, et d'éviter, quand l'eau est au-dessous du niveau moyen, les bas-fonds pierreux.

Il arrive souvent que, malgré la vigilance des mariniers, une outre, frottant le bas-fond, se dégonfle. Alors un de ces hommes se précipite dans le fleuve, détache l'outre, la regonfle, la remet en place ! Tout est réparé en un clin d'œil !...

Ce fut le plus délicieux voyage possible ! Les bords du Tigre sont encore le paradis terrestre.

Nous arrivâmes à Mossoul, première ville de la province de Bagdad, confiée à Midhat-Pacha, le *vali*.

L'accueil fait par le gouverneur et la population au « grand homme » s'éleva au comble du délire. Des individus, extasiés, se précipitaient sur le sol pour baiser pieusement la trace des pas du célèbre Midhat !... On remerciait le Ciel qui permettait aux pauvres gens de pouvoir contempler Midhat !... A Alep, à Diarbékir, j'avais vu la population enthousiasmée... A Mossoul, je la vis folle !

Pendant mon séjour à Mossoul, je voulus visiter les ruines de Ninive. Je m'attendais à je ne sais quoi d'immense et de monstrueux !... Hélas ! rien que des amoncellements de terre sans intérêt, sans traces de murs !... Ma désillusion fut complète ... Et je me pris à regretter cette excursion qui m'avait coûté beaucoup de peines et de fatigue.

Le séjour à Mossoul fut de cinq jours, pendant lesquels Midhat-Pacha, avec la plus grande activité, s'occupa, jour et nuit, d'étudier la marche de l'administration et les besoins locaux.

Il formula des plans de réforme, revisa, selon le droit dont il était investi, les jugements des Tribunaux en matière pénale, visita les prisons, ordonna de relaxer grand nombre de détenus dont l'arrestation avait été arbitraire. Il blâma sévèrement le gouverneur et les juges à cause des lenteurs de la justice, enjoignit aux magistrats de s'occuper, au delà

du droit écrit ou coutumier, des lois de l'équité
et de l'humanité!

Ma joie fut vive quand nous retournâmes à
bord des keleks.

Nous arrivâmes au fameux pont de Nemrod.
Là, au moment de la baisse des eaux, il se
produit un barrage. La différence de niveau,
entre l'amont et l'aval, dépasse alors un mètre,
Si l'on continue la navigation, on fait un plon-
geon, qui offre des désagréments. Trois fois
sur quatre, on chavire ! Passagers et marchandises tombent dans le Tigre.

Nous ne fîmes pas le saut. On avait envoyé,
de Bagdad au pont de Nemrod, des chevaux
pour le Pacha et sa suite.

Un fort contingent de troupes attendait sur
la rive. Des bédouins, à pied, à cheval, four-
millaient !... Là, nous trouvâmes, à nouveau,
le cortège des officiers en brillant uniforme,
les groupes des diverses autorités et la foule
des curieux !... Les champs étaient pleins de
monde !... Les clameurs s'élevaient comme un
bruit de tonnerre !...

Je ne saurais recommencer des descriptions
déjà esquissées. Je puis dire, toutefois, que
l'accueil fait à Midhat au pont de Nemrod fut
aussi délirant que l'accueil offert aux portes
de Mossoul.

Le canon tonna dès que Midhat fut à courte

distance de Bagdad !... La nuit venait de s'étendre !

Et il me semblait rêver, entrer de plain-pied
dans les récits des *Mille et une nuits !...*
Je voyais bien la ville des Kalifes au moment
de sa gloire ! Les bords du Tigre sont illumi-
nés ! Voici le pont de bateaux ondulant sous
l'effort du courant et chargé de feux ondoyants
et multicolores !...

Jamais, de ma vie, je n'oublierai ce spectacle (1) ! Jamais je n'oublierai ce voyage
d'Arabie !

Je ne saurais préciser tout ce que fit Midhat-
Pacha pendant deux années de séjour à Bagdad. Son activité était inlassable ! Je ne dois
pas oublier, toutefois, d'indiquer sommaire-
ment les principaux grands travaux qu'il
ordonna, les importantes administrations qu'il
créa, les principales conquêtes qu'il dirigea.
Parmi les travaux, il faut citer, en première
ligne, le « canal de la Mésopotamie », canal
destiné à relier le Tigre et l'Euphrate, sans que
la navigation ait à descendre jusqu'à Chatt-el-
Arab. Ce canal, creusé dans une contrée
déserte hier, se couvre déjà de villages ; il est

---

(1) Que ceux qui voudraient une description plus complète des fêtes de Bagdad ne l'attendent pas de moi.
Qu'ils lisent *Midhat-Pacha*, par Léouzon-Leduc, 2ᵉ édition,
1877. Dentu, éditeur.

aménagé en vue de distributions d'eau, et, par suite de l'irrigation, apporte et apportera sur son parcours la fertilité et le bien-être là où l'on ne voyait que des sables arides. Parmi les administrations nouvelles, mentionnons la « Société de navigation fluviale de bateaux à vapeur reliant Bagdad à Bassorah », et la « Société maritime des transports à vapeur de Bassorah à Constantinople », dont les escales sont Bender-Buschir, Bender-Abbas, Moscate, Aden, Houdeida, Djeddah, Suez, Port-Saïd, Iaffa, Beyrouth, Adana. Parmi les conquêtes, celle du Nedgid, immense territoire où l'on ne voyait que des Arabes nomades et sauvages.

Pour témoigner sa satisfaction souveraine, S. M. I. le Sultan envoya à Midhat un sabre d'honneur constellé de pierres précieuses et une lettre flatteuse.

Enfin, ce fut Midhat qui institua la conscription à Bagdad.

Jusqu'alors, aucun gouverneur n'avait osé faire exécuter, dans l'Irak, la loi du recrutement obligatoire. On craignait que la mise en pratique de cette loi n'amenât un soulèvement des Bédouins. Midhat ordonna de procéder au tirage au sort. La population s'ameuta. Midhat se mettait à table au moment où il fut mis au courant des troubles. Il donna l'ordre d'appeler immédiatement les membres du Conseil

2.

municipal ; de couper les communications entre les deux rives du Tigre ; de mettre sous pression la flottile des navires à vapeur de l'Etat ; de concentrer des troupes dans le quartier chrétien et dans le quartier israëlite et d'envoyer la cavalerie sur la place où les mutins s'étaient réunis.

Lorsque les membres du Conseil arrivèrent, Midhat-Pacha leur dit fort tranquillement :

« Messieurs, si, dans deux heures, la tranquillité n'est pas complètement rétablie, vous serez pendus ! »

Ah ! le bon Midhat n'aurait pendu personne ! Il se servait simplement d'une formule de rhétorique habituelle en Orient.

L'émeute cessa immédiatement et l'on procéda, sans encombre, au tirage.

Ce fut à Bagdad que Midhat apprit la mort de Fuad-Pacha. Cet événement le contrista beaucoup. Midhat et Fuad avaient, l'un pour l'autre, la plus haute considération et une réelle sympathie.

Fuad-Pacha, plusieurs fois grand vizir, ancien ministre des affaires étrangères, possédait une intelligence supérieure et la plus enviable noblesse de cœur, ce qui n'empêchait, en lui, la finesse, ni l'esprit de répartie.

Voici, à ce dernier propos, deux anecdotes que le lecteur me pardonnera d'insérer.

S. M. I. le Sultan Abd-ul-Aziz avait fait cadeau à la reine d'Angleterre d'une tabatière où se trouvaient enchassés deux gros brillants. S. M. la reine Victoria fit dessertir les pierres précieuses en vue de les porter en pendants d'oreille... Quand Abd-ul-Aziz alla en Angleterre, la reine, au dîner d'apparat où fut convié le Sultan, portait les deux diamants ; puis elle eut quelque inquiétude. Le Sultan, très bon expert en joyaux, n'allait-il pas reconnaître ces brillants ? La reine crut qu'il était préférable de conter ce qu'elle avait fait, et demanda à Fuad-Pacha d'en informer Abd-ul-Aziz.

Le Sultan répondit quelques mots turcs, inintelligibles pour la reine, et Fuad-Pacha dit:

« Madame, Sa Hautesse affirme qu'Elle sera toujours heureuse si tout ce qui vient de Sa part arrive aux oreilles de Votre Majesté ! »

Voici la seconde anecdote.

Lamartine avait prononcé à la Chambre, à Paris, un discours où il s'était écrié fort peu diplomatiquement : « La Turquie est un cadavre ! » Ces mots blessèrent vivement Fuad-Pacha.

Plus tard, le poète français, revenant d'Orient, passa par Constantinople et alla rendre visite à Fuad. Celui-ci, dans son jardin, soignait des roses. Lamartine parla des progrès qu'il avait pu constater dans l'œuvre des administrations ottomanes. — « Oui, cher ami », s'empressa de répondre l'homme d'Etat turc, « nous ressuscitons ! » Lamartine comprit et rougit.

Ce fut également à Bagdad que Midhat apprit le décès d'Aaly-Pacha, grand vizir, son irréconciliable adversaire. Je n'ose dire que Midhat fut vivement peiné. Toutefois, il se conduisit dans l'occurrence en parfait galant homme. Il vanta les mérites du défunt. Il insista sur l'art admirable avec lequel Aaly rédigeait les notes diplomatiques. Il nous dit que Napoléon III, après la lecture d'un mémorandum d'Aaly, avait prononcé les mots suivants :

— Ah ! je voudrais bien avoir un ministre des affaires étrangères aussi fort que Fuad-Pacha !

Fuad-Pacha et Aaly-Pacha, enlevés par la mort, S. M. I. le Sultan ne voyait devant lui qu'un groupe restreint où choisir le grand vizir.

Il désigna Mahmoud-Nedim-Pacha. L'inspiration n'était guère heureuse !... Mahmoud-Pacha était quelconque, sans hautes pensées, sans prévision, sans connaissances en l'art de gouverner.

Le premier qui encourut la colère de Mahmoud fut Midhat. Mahmoud transféra Midhat du poste de gouverneur général de l'Arabie au poste de gouverneur général de Salonique. Midhat devait se rendre à la nouvelle résidence sans passer par Constantinople.

Toutefois, Midhat ne prit pas au sérieux cette dernière injonction. Il partit pour Constantinople, où il obtint une audience privée du Sultan.

Midhat, dans un élan de patriotisme, eut le courage d'exposer au souverain, preuves à l'appui, l'incapacité de Mahmoud, incapacité qui pouvait amener des conséquences funestes pour l'Empire. Sa Majesté Impériale, étonnée, fit sur-le-champ retirer des mains de Mahmoud les sceaux du grand vizirat et les confia à Midhat. Mais Midhat eut à lutter, dans l'entourage du Sultan, avec des hommes puissants qui étaient les créatures d'Aaly-Pacha ou de Mahmoud-Pacha et qui se réunirent pour le contrecarrer.

Midhat ne put résister à ses nombreux détracteurs. Au bout de trois mois, il dut quitter Constantinople, et fut confirmé dans la nomination de gouverneur général à Salonique.

La chute avait suivi de près l'élévation !...

Chute temporaire !

CHAPITRE III

SÉJOUR A SALONIQUE. — LE MINISTÈRE DE LA JUS-
TICE. — DÉMISSION. — MIDHAT AGRICULTEUR. —
CHUTE DE MAHMOUD-NEDIM.

Le séjour de Midhat à Salonique (1872-1873) dura un an et quelques mois. Midhat s'occupa, au grand contentement des habitants, de réformes dans l'administration, dans les tribunaux et d'embellissements dans la ville.

Les changements de poste, infligés à Midhat, amenèrent des résultats bien différents de ceux qu'avaient espérés ses ennemis. Populaire à Roustchouk, admiré à Bagdad, aimé à Salonique, Midhat écoutait son nom retentir d'un bout à l'autre des provinces ottomanes.

Il se forma, dès lors, une pression irrésistible de l'opinion publique en faveur de Midhat ; et Mahmoud-Nedim, à contre-cœur, offrit, sur l'ordre du Sultan, à Midhat, la position de ministre de la justice. Mahmoud-Nedim espérait, malgré les précédents événements, gagner l'amitié de Midhat et se servir de la popularité de Midhat.

Mais celui-ci ne plia pas. Il ne voulut pas accepter de contre-signer des décrets dont il désapprouvait le but, et, dès 1874, offrit sa démission. C'était la première fois, en Turquie, qu'on voyait un ministre démissionnaire. Jusqu'à cette époque, l'abandon des postes d'Etat avait lieu d'ordre de Sa Majesté Impériale.

Les amis de Midhat firent leur possible pour l'empêcher de rendre son portefeuille. Ils lui dirent, à juste titre, que Sa Majesté Impériale se montrerait, sans aucun doute, froissée ; qu'il fallait, à tout prix, éviter le ressentiment du souverain...

Midhat se montra inébranlable.

Il écrivit au Sultan :

« Au risque de me voir banni, exilé, écarté pour toujours des affaires de l'Etat, j'ose offrir, par écrit, ma démission à Sa Majesté Impériale. Se trouver dans les affaires et occuper un poste dans le cabinet présidé par Mahmoud-Nedim est un tâche au-dessus des forces de tout homme qui se respecte et qui aime son pays. »

Un tel langage irrita le Sultan, qui, dans un premier mouvement de colère, parla d'infliger à Midhat quelque punition exemplaire. On fit comprendre, cependant, à Sa Majesté Impériale que des mesures exceptionnelles, que des preuves trop accentuées de disgrâce, prises envers Midhat-Pacha, pourraient amener des conséquences graves. Midhat n'avait-il pas un parti considérable parmi les employés de l'Etat, parmi les « jeunes patriotes » et même les ulémas et les softas ?

Sa Majesté Impériale, se ravisant, accepta la démission purement et simplement.

Midhat se rendit à la maison de campagne qu'il possédait non loin de Constantinople. Il s'occupa d'améliorations dans les cultures, de bonification et de science agricole.

A cette époque, trois personnages marquants se trouvaient hors service et en disponibilité. C'étaient Mehmet-Ruchdi-Pacha, ex-grand vizir, Hussein-Avni-Pacha, ex-ministre de la guerre, et l'ex-Schek-ul-Islam Haïroullah-Effendi.

La déplorable politique de Mahmoud-Nedim portait, cependant, ses fruits. Le mécontentement en face du gouvernement ne se cachait plus. Des événements sinistres avaient lieu. Des fanatiques, à Salonique, assassinaient deux consuls étrangers ; l'agitation, en Bulgarie, ne pouvait plus être contenue ; des bandes de malfaiteurs saccageaient les provinces ; le Trésor était vide ; des sommes énormes étaient dépensées pour d'inutiles constructions...

A ce dernier sujet il faut se rappeler l'idée, qu'un beau jour eut Abd-ul-Aziz, d'édifier une somptueuse mosquée près de la résidence de

Dolma-Baktché. Le but avoué de cette bâtisse était le motif pieux, et le but réel, celui d'isoler le palais impérial des maisons particulières voisines. Le général Ignatieff avait, paraît-il, suggéré à Sa Majesté Impériale cette idée, tout au moins bizarre, en affirmant qu'aucun souverain d'Europe n'habitait un monument qui ne fût totalement séparé des autres habitations et entouré de jardins ou de larges avenues.

Midhat voyait souvent Mehmet-Ruchdi-Pacha, Hussein-Avni-Pacha et Haïroullah-Effendi. La conversation de ces personnages roulait — on peut le comprendre aisément — sur la dilapidation des finances et sur les difficultés dans lesquelles l'Empire se débattait. Midhat n'était pas homme à rester sur le terrain de la critique pure. Il voulait qu'on cherchât à l'aide de quels remèdes il était possible de rendre la vigueur au grand corps de l'Etat épuisé.

Certain jour, Midhat dit à Mehmed-Ruchdi :

— On nous considère, vu notre rang, nos grades et les hautes positions que nous avons occupées, comme les chefs de la nation ottomane. Par cela même, ne devenons-nous pas du fait de notre inaction présente, responsables, jusqu'à un certain point, de l'écroulement de l'Empire ? Sied-il de rester les bras croisés quand le navire sur lequel on se trouve fait eau de toutes parts ? Si vous m'en croyez, cherchons un troisième collaborateur. Demandons, par l'entremise du premier chambellan, une audience à Sa Majesté Impériale. Allons exposer franchement, loyalement, à Sa Majesté, les périls de la situation. Notre démarche ne peut amener que deux solutions :

« 1° Ou le Sultan refusera de nous recevoir ;

« 2° Ou il nous recevra et ne pourra éviter de nous écouter.

« Le premier cas est sans danger.

« Le second cas ne présente que le danger de nous exposer au bannissement. Mais, fussions-nous bannis, nous aurons la consolation d'avoir fait notre devoir d'Ottomans !

Mehmed-Ruchdi répondit :

— Je suis persuadé que le Sultan nous recevra et qu'il nous parlera même avec beaucoup de bienveillance. Mais, aussitôt après notre visite, il s'efforcera de nous séparer... Il me nommera, peut-être, grand vizir et vous enverra dans une province éloignée... Bilader (frère), nous serons ensuite écrasés l'un après l'autre !... Et la situation politique de l'Empire ne sera pas modifiée !...

Midhat reprit : ,

— Notre solidarité empêche toute conséquence funeste. Un groupe actif de personnes, solidement unies, placées dans les hautes situations et disposant du pouvoir, peut beaucoup. Il est évident que si, dans le Conseil, nous arrivons à placer trois ou quatre ministres partageant nos idées, nous réussirons, tout au moins, à enrayer le cours des caprices du Sultan.

Mehmed-Ruchdi resta fort indécis. Midhat, avec sa merveilleuse facilité de parole, eut beau exposer les meilleurs arguments du monde, Mehmed ne se décidait pas.

Sur ces entrefaites, Hussein-Avni-Pacha fut investi de l'autorité de gouverneur général à Brousse. Le Sultan, d'après le conseil du grand vizir, avait enjoint à Hussein de se rendre immédiatement à Brousse. Etre éloigné de la capitale déplaisait beaucoup à Hussein, qui se trouvait déjà fort irrité contre le grand vizir, par suite de certains bruits, parfaitement faux, que Mahmoud avait laissés courir sur le compte de lui, Hussein.

Le mécontentement d'Hussein le rapprocha de Midhat. Celui-ci, petit à petit, s'ouvrit au nouvel ennemi de Mahmoud, et Hussein adhéra aux projets libéraux de Midhat.

Ces projets, nul ne l'ignore, consistaient, en résumé, à donner à la Turquie le régime constitutionnel.

Il fallait prévoir la possibilité d'une résistance absolue du Sultan quant à la promulgation de la Charte. Aussi, on discuta la nécessité, le cas échéant, de la déchéance du souverain, déchéance prononcée en vertu d'un *fetfa*, arrêt basé sur quelque passage du Coran. Et plusieurs ulémas étudièrent la question de savoir si la loi dictée par le prophète permettait la déposition d'un souverain dont la conduite mettait l'Etat en péril.

Détrôner un Sultan n'était pourtant pas un fait nouveau dans l'histoire ottomane.

Le Sultan Achmet III s'assit sur le trône, en 1703, à la place de son frère Mustapha, à la suite d'une révolte. Mustapha se laissait entièrement guider par un mufti que le peuple et l'armée avaient en horreur. Au moment où l'armée recevait l'ordre de punir les mécontents, elle déposa Mustapha, et, sans verser la moindre goutte de sang, proclama Achmet.

Achmet agit, en face du ministre qui l'avait porté sur le trône, comme le Sultan actuel se comporta envers Midhat-Pacha. Il le fit mourir !... Achmet disait : « Cet homme, par sa grande influence, m'a fait hier Sultan !... Or, en vertu de cette même influence, ne pourrait-il, demain, me faire tomber du trône ? »

Achmet, toutefois, donna à ses peuples la sécurité et la grandeur !

L'étude du fetfa de déposition fut poursuivie en dehors de Mehmet Ruchdi, qui voulait bien un changement, dans le sens libéral, des lois turques, mais ne désirait guère prendre l'initiative ni la responsabilité de ce changement, dont la difficulté lui semblait évidente et, en tout cas, grosse d'événements qu'on ne pouvait prévoir.

Cependant, le grand vizir accumulait fautes sur fautes...

Ici, chers lecteurs, vous me demanderez évidemment, afin de mieux suivre le cours de mon récit, quelles étaient les fatales erreurs commises par le grand vizir Mahmoud-Nedim.

Voici :

Cet homme d'Etat s'était inféodé à la politique russe. Le maître de la Turquie n'était plus le Sultan, mais le général Ignatieff, ambassadeur du Tsar. Pourtant, tout esprit, doué de clairvoyance, n'ignorait pas que la Russie rêvait au démembrement de l'Empire ottoman, et qu'elle préparait, dès 1874, le terrain où la guerre devait éclater au printemps de 1877.

Les transes d'un homme perspicace et patriote, comme Midhat-Pacha, étaient donc pleinement justifiées. Il s'agissait non d'un plus haut ou plus bas degré de la grandeur ottomane, mais de l'existence même de la Turquie, en tant qu'Etat autonome.

Au moment où Midhat conférait avec Mehmet-Ruchdi, les mauvaises nouvelles af-

fluaient. L'Herzégovine venait de se soulever.
Des bandes d'insurgés, dans la Roumélie
orientale, parcouraient le district de Philippo-
poli, à quelques lieues de Constantinople. Il
fallait agir, agir sans retard ! Le gouvernement turc ferma les yeux, et ne bougea pas.
Le grand vizir écoutait les conseils du général
Ignatieff. Celui-ci affirmait qu'il était politique
de ne donner aucune importance aux soulève-
ments ; que chercher à les réprimer, c'était
attirer, sur les désordres, l'attention des puissances étrangères, qui ne manqueraient pas
d'intervenir au détriment du gouvernement
ottoman.

On laissa donc les insurgés faire ce qu'ils
voulaient... Il y eut des luttes sanglantes et
d'horribles massacres, notamment à Batak.

Le résultat, évidemment prévu par le général Ignatieff, fut de soulever l'opinion publique, en Europe, en face du gouvernement turc
et des populations ottomanes. Gladstone, chef
de l'opposition, à la Chambre des communes,
— Lord Beaconsfield était premier ministre —
commença, à l'encontre de la Sublime-Porte,
une campagne virulente... La Serbie et le Mon-
tenegro prirent l'attitude la plus menaçante !...

Et Mahmoud-Nedim ordonna un impôt nouveau, dont le produit devait s'élever à deux
millions de livres turques et qui devait servir

non à l'armée, à la marine, aux travaux publics, mais à mettre le Sultan Abd-ul-Aziz à même de continuer des constructions inutiles.

Il y eut bien je ne sais quel projet de réformes présenté par Mahmoud au conseil des ministres, mais avec l'intention de ne le laisser discuter, ni aboutir. Ce fut encore une manœuvre conseillée par le général Ignatieff !

A Constantinople, on n'appelait plus le grand vizir que Mahmoudoff !

Midhat-Pacha, indigné, se décida à tout risquer, sans aucun délai, pour renverser le grand vizir.

Midhat s'aboucha avec un homme de la plus haute intelligence et de la plus scrupuleuse intégrité, Zia-Bey, qui fut plus tard Zia-Pacha. Ce personnage, jeune et hardi, avait des idées très libérales. Il avait souffert, pendant plusieurs années, l'exil et la prison, sans renoncer à ses convictions... Il avait pu rentrer à Constantinople sur les instances réitérées faites au Sultan par Fuad-Pacha et Midhat-Pacha. Son nom est aujourd'hui vénéré en Turquie. Il mourut gouverneur *malgré lui* d'Adana.

Par le canal de certains intermédiaires, — dont je dois taire le nom, afin de ne pas les compromettre, car ils vivent encore — Midhat avait noué des relations secrètes avec le jeune prince héritier, Mourad, fils d'Abd-ul-Medgib.

Ce prince lut un mémoire, rédigé par Midhat, mémoire exposant, d'une part, la situation périlleuse de la Turquie ; de l'autre, les réformes libérales à l'aide desquelles l'Empire devait être sauvé.

Mourad fit savoir, à Midhat, que ce mémoire lui plaisait ; qu'il n'y avait rien trouvé qui ne fût conforme à la loi coranique ; qu'il était prêt à se dévouer à l'œuvre des réformes libérales.

En vue d'éloigner Mahmoudoff du pouvoir, on résolut, avec le concours de plusieurs ulémas patriotes — dont l'intention était de faire tomber également Hassan-Effendi, Schek-ul-Islam — d'organiser une puissante manifestation politique composée de softas. Ceux-ci étaient nombreux — plus de dix mille à Constantinople — et voyaient avec mécontentement le Schek-ul-Islam se prêter à des agissements dont le plus clair résultat devait être l'affaiblissement de la Turquie et, dès lors, une déchéance de l'islamisme.

Une masse imposante de softas, suivie par une population nombreuse, se rendit donc au Palais, dans le but de remettre à Sa Majesté Impériale une requête tendant à ce qu'il plaise à Sa Majesté d'éviter les conséquences désastreuses de la politique du grand vizir, et de signer la destitution dudit grand vizir et celle de leur chef spirituel le Schek-ul-Islam, qui ne méritait leur respect ni leur confiance.

En même temps, les ouvriers de l'Arsenal, qui ne touchaient aucun salaire depuis huit mois, se mirent en grève et parcoururent les rues de Constantinople. Ils étaient avec leurs femmes hâves, déguenillées, et portaient leurs enfants malades de privations.

Cette double manifestation effraya beaucoup le Sultan. Toutefois, le grand vizir sut sauvegarder quand même, quelque temps, sa place et celle de son protégé Hassan-Effendi. Il rassura le Sultan et formula quelques vagues promesses aux Softas.

Cela ne fit pas l'affaire de ceux-ci. Leur prétentions augmentèrent. Ils organisèrent une seconde manifestation, laissèrent entendre que si la première avait été calme, cette seconde ne le serait peut-être pas. Ils rédigèrent donc une requête d'un ton comminatoire et demandèrent :

La destitution de Mahmoud-Nedim et que Midhat-Pacha obtînt la place de grand vizir, car l'opinion publique désignait celui-ci à ce haut poste ;

La destitution de Hassan-Effendi qui devait être remplacé par Haïroullah-Effendi.

Le Sultan savait fort bien l'énorme influence des softas sur les populations musulmanes.

3.

Les softas — j'aurais dû le dire plus haut — sont des éducateurs qui enseignent à la fois le droit civil et les dogmes religieux, c'est-à-dire sont les interprètes de la loi suprême, le Koran.

La lutte avec les softas pouvait devenir dangereuse pour la personne même de Sa Majesté Impériale.

Abd-ul-Aziz se décida à destituer Mahmoud et Hassan, mais ne voulut pas accepter l'élévation de Midhat. Il soupçonnait Midhat d'avoir été le promoteur des manifestations et n'était pas sans haine envers Midhat. Il nomma S. A. Mehmet Ruchdi-Pacha grand vizir, et Haïroullah-Effendi, Schek-ul-Islam.

Le décret relatif à S. A. Mehmet-Ruchdi fut assez bien accueilli. On voyait, à juste titre, dans le nouveau grand vizir, un homme âgé, modéré, fort respecté, aimant son pays et sa religion...

Une des premières mesures prises par le nouveau grand vizir, fut de rappeler, de Brousse, Hussein Avni-Pacha et de le nommer ministre de la guerre.

Deux jours après l'élévation de S. A. Mehmet Ruchdi au grand vizirat, Midhat vint lui présenter de cordiales félicitations. Midhat se déclarait heureux de voir les affaires de l'Etat placées enfin dans les mains d'un homme parfaitement sympathique, et non plus dans les mains d'un Mahmoud qui avait provoqué l'aversion de tous les Ottomans,

Midhat alla également voir le nouveau Schek-ul-Islam, Haïroullah-Effendi. Au palais de ce dernier personnage se trouvait un chambellan de Sa Majesté Impériale, chambellan venu, d'ordre du souverain, distribuer de l'argent aux ulémas et aux chefs des softas qui se pressaient dans les galeries.

Les softas, ayant appris que Midhat-Pacha venait d'entrer dans le cabinet de travail du Schek-ul-Islam, demandèrent à voir ce « célèbre Midhat » ; et celui-ci se présenta aussitôt à côté de Haïroullah.

Un des principaux ulémas salua Midhat, au nom de l'assemblée, par les mots suivants :

— Nous nous inclinons devant vous, car vous êtes un personnage destiné, par Dieu et la nation, à rendre de grands services à l'Empire.

Midhat prit la parole. Il remercia les assistants pour la réception flatteuse qui lui était faite, puis ajouta :

— Le choix que Sa Majesté Impériale vient de faire, en donnant des titulaires nouveaux aux deux plus importantes charges de l'Etat, est entièrement conforme à l'intérêt général. Notre sainte Religion — vous le savez mieux que personne ! — est basée sur le régime démocratique et libéral. La liberté consiste à posséder tranquillement ce que l'on a acquis par l'exercice des droits légitimes et à ne pas violer les droits légitimes d'autrui. Ce que vous avez obtenu l'a été par suite de l'exercice d'un droit que vous possédez à juste titre ! Tant que vous agirez en vertu d'un pareil titre et en suivant les préceptes de notre sainte Religion, vous ne devrez redouter aucune puissance contraire à vos aspirations.

« Nous traversons un moment difficile. La civilisation a fait, depuis plusieurs années, d'immenses progrès, qu'on doit accepter. Il nous faut concilier nos principes sociaux avec les exigences du moment. Une pareille conciliation, au reste, ne saurait être impossible, car elle est conforme au but de notre sainte Religion ; et, dès lors, rien ne s'oppose à ce que nous marchions, de pair avec les autres peuples, dans la voie du progrès !

« C'est avec l'aide du peuple que nous devons améliorer le sort du pays.

« Soyez unis dans la propagation de ces principes ! Marchez compacts dans cette voie ! Et, vous qui avez la mission d'instruire le peuple, vous aurez rempli un double devoir en présence de Dieu et du Prophète : celui de donner témoignage de votre amour pour la nation et l'Empire, de donner témoignage de votre respect pour la parole de Dieu ! »

Le discours de Midhat fut applaudi frénétiquement.

Un seul individu, dans l'assistance, le critiqua : Muheddin-Effendi, instituteur de S. A. I. le prince Youssouf Izzédin, fils de S. M. I. Abdul-Aziz. Quelques ulémas, ayant des attaches au palais, murmurèrent un peu, mais bien bas.

En tout cas, ce discours déplut dans l'entourage immédiat du Sultan.

Le prince Izzédin affirma que Midhat parlait à tort et à travers, égarait les esprits, s'exprimait sans respect envers le Sultan et le gouvernement ; et qu'un pareil discours de Midhat amènerait la ruine de Midhat.

CHAPITRE IV

MIDHAT, MINISTRE SANS PORTEFEUILLE. — L'AFFI-
LIATION VISE LA DÉCHÉANCE. — LE FETFA.

Le Sultan, nous l'avons dit, nourrissait une grosse aversion pour Midhat-Pacha ; mais celui-ci était devenu si populaire qu'il sembla nécessaire de lui donner une position importante.

Le Sultan chargea Mehmet-Ruchdi-Pacha de *sonder* Midhat. Il fallait savoir si Midhat était disposé à accepter la présidence du Conseil d'Etat (Chouraï Devlet) ou tout autre poste équivalent.

Midhat comprit que la proposition venait, bien qu'indirectement, du Sultan. Il répondit :

— J'accepterais cette présidence si Sa Majesté Impériale me donnait pleins pouvoirs en vue d'une réorganisation du Conseil. Je ne désire pas diriger les travaux d'une assemblée qui approuve tout sans discussion, sans études préliminaires. Dans le public, le Conseil d'Etat est surnommé le *Evet Effendim !* — (le *Oui, Monsieur !*...) En effet, il approuve tout ! A quoi sert-il présentement ?

La « Validé Sultane », mère du Sultan, à quelques jours de là, chargea le chef eunuque, S. A. Djeffer-Aga, d'inviter secrètement Midhat-Pacha à passer chez elle, au Yali (Kiosque) de Fehner-Backtché.

Cette initiative parut suspecte à Midhat. Il ne refusa pas d'aller voir la Sultane, mais prit quelques précautions. Il s'arma d'un excellent revolver... A son arrivée au Kiosque, il fut reçu très respectueusement par Djeffer. On lui présenta, à la mode orientale, des gâteaux, des sirops et du café... Il refusa de manger et de boire quoi que ce fût.

Le chef eunuque, après avoir présenté les saluts de la Sultane et affirmé que celle-ci nourrissait, envers Midhat, des sentiments de haute estime, déclara que la Sultane avait exprimé le désir de recevoir de lui, Midhat, un rapport sur la situation générale de l'Empire et sur les mesures à prendre afin d'éviter des événements funestes.

Midhat répondit :

— Remerciez vivement, de ma part, la Sultane. Dites-lui que je suis très honoré des sentiments d'estime qu'elle a pour moi. Exprimez, à ce sujet, ma profonde reconnaissance. Je me fais un devoir de lui soumettre au plus vite le rapport. Toutefois, il est bien entendu que, dans ce document, je pourrai dire toute la vérité. Cela, peut-être, déplaira à la Sultane, qui n'est pas habituée à écouter un langage net et franc. »

Djeffer affirma que la Sultane entendait justement se rendre compte de la situation en basant ses opinions sur un exposé absolument véridique.

Deux jours après, Midhat transmit le rapport à la Sultane.

Midhat y faisait ressortir les fautes du gouvernement ; le chaos où se débattait l'administration générale, les mauvaises relations avec les étrangers, la dilapidation des finances, et il proposait des réformes et des innovations dont la mise en pratique devait être rapide.

Dans les vingt-quatre heures, la Sultane répondit. Elle remerciait Midhat, au sujet du « travail précieux » qu'il lui avait adressé, et finissait par dire : « Toutes les réformes que vous proposez seront appliquées, dans quelques semaines, par vous-même. Vous serez grand vizir ! »

Midhat vit, dans cette démarche, un ingénieux moyen de le tranquilliser, de l'endormir et de gagner du temps.

Cependant, Hussein-Avni-Pacha avait pris la direction du ministère de la guerre. Midhat alla le complimenter et eut avec lui plusieurs entretiens confidentiels. Midhat comprit vite

que Hussein gardait les idées qu'ils avaient
échangées lorsqu'ils étaient l'un et l'autre en
disgrâce.

D'autre part, les grands ulémas et les chefs
softas ne demandaient qu'à marcher.

Il fallait assurer cette marche.

Hussein-Pacha prévint Midhat que Rédif-
Pacha, président du Daari-Choura (Conseil
supérieur de la guerre) et que Suleyman-Pacha,
directeur des Ecoles militaires, étaient acquis
aux idées novatrices. Rédif et Suleyman avaient
juré solennellement sur le Coran de prendre
part au mouvement projeté.

Toutefois, on n'avançait guère.

Midhat comprit bientôt que Hussein voulait
agir, en tout, *manu militari*. Cela ne faisait pas
le compte de Midhat, qui se refusait à accepter
le concours restreint de l'armée, et qui voulait
l'assentiment du peuple entier. Midhat craignait que la dictature militaire, souvent irré-
fléchie, ne vînt remplacer, sans grand profit
pour la nation, le despotisme aveugle des
Sultans.

Une discussion très vive — même violente
— s'éleva entre Midhat et Hussein.

— L'armée, disait Midhat, peut, sans manquer à ses devoirs, obéir aux ordres du peuple. Elle est l'armée de la Nation, non
celle du Souverain seul. L'armée peut et doit,

sans qu'on puisse la blâmer, accepter les événements produits par la volonté unanime, indiscutable du pays ! Donc il faut s'avancer à la tête de la Nation et non de l'armée, fragment de la Nation !

Voici le projet de révolution réformatrice, tel que l'élaborait Midhat.

Le prince Mourad — héritier du trône, d'après les lois musulmanes — serait conduit, le jour fixé, dans une maison voisine du palais où il est d'usage de couronner les Sultans ; ce même jour, on convoquerait, à la Sublime-Porte, les ministres, les hauts dignitaires, les ulémas, les chefs des softas, les primats des divers cultes ; le but indiqué en vue de cette convocation serait d'ouvrir une discussion relative aux grands intérêts de l'Etat.

A la même heure, des groupes de softas, placés sous le commandement d'officiers militaires, devaient avoir la mission de maintenir l'ordre dans la ville ; de cerner le palais du Sultan, avec ordre de n'en laisser sortir personne jusqu'au moment où ces groupes seraient prévenus par le moyen des salves d'artillerie de l'élévation de Mourad au trône.

Par contre, Hussein-Avni, nous le répétons, suggérait un plan où l'armée seule était mise en jeu.

Rien n'était encore prêt, au reste, et Midhat

consentit à remettre la décision suprême à la veille des événements.

Cependant il fallait que Midhat et Hussein s'entretinssent souvent. Afin de ne pas éveiller les soupçons, que pouvaient faire naître leurs conciliabules fréquents, il fut décidé que Midhat accepterait un poste de ministre secrétaire d'Etat sans portefeuille, ce qui permettrait à lui, Midhat, de voir ses collègues tout au moins trois fois par semaine, à la réunion du Conseil.

Le Sultan ratifia cette nomination présentée par le grand vizir.

Il est vrai que le grand vizir connaissait fort imparfaitement l'organisation qui se formait en vue de détrôner, le cas échéant, le Sultan. Toutefois, Mehmet-Ruchdi était toujours fort porté vers les réformes constitutionnelles.

Il voulait seulement agir avec lenteur, et, comme on dit vulgairement, procéder par *petits paquets*.

Un détail à noter :

Haïroullah-Effendi avait été destitué du poste de Schek-ul-Islam par Hussein-Avni, alors que celui-ci était grand vizir. Les rapports, entre le ministre de la guerre et Haïroullah, se ressentaient fort de cet antécédent. Ces rapports étaient loin d'être empreints de cordialité.

Haïroullah avait été attaché au service particulier de S. M. I. Abd-ul-Aziz. Rien d'étonnant qu'il eût beaucoup d'affection pour ce souverain. Mais les sentiments patriotiques et la sympathie envers le prince Mourad, dont les principes libéraux lui étaient connus, décidèrent Haïroullah à entrer dans le nombre des novateurs. Or, dans ce camp-là, Hussein-Avni occupait une position de premier ordre.

Il fallait donc, afin d'éviter les difficultés que pouvait susciter, d'un moment à l'autre, la mésintelligence entre Hussein et Haïroullah, réconcilier ces deux hommes. La négociation fut difficile. J'avoue que je m'étonne que Midhat ait pu solutionner le problème !... Midhat possédait des ressources inépuisables de tact, de diplomatie et d'éloquence !

Un vendredi soir, le Conseil des ministres se réunit chez Hussein, au Yali, propriété de Hussein, à Scutari. L'ordre du jour était quelconque ; le but réel était de se mettre d'accord sur la nécessité — ou non — de la déposition du Sultan, et, en cas affirmatif, d'établir les voies qui permettraient d'atteindre le but visé.

Le Conseil prit fin vers minuit. Midhat et Hussein passèrent dans un salon contigu à la salle où l'on s'était réuni. Dans ce salon, il trouvèrent Kaiserly-Achmet-Pacha, ministre de la marine et Rédif-Pacha. Kaiserly demanda un Koran sur lequel il prêta serment de servir la

Nation dans les conditions fixées. On sait que Rédif-Pacha avait déjà prêté le même serment.

Midhat, mis en sûreté du côté des ministres, voulut être certain de la conduite que tiendrait, au moment des événements, le prince Mourad, héritier de la couronne. Midhat fit demander au prince si l'on pouvait entièrement se fier à l'intermédiaire de Haïroullah.

Le prince répondit affirmativement. Midhat, dès lors, se déclara prêt à négocier, sans aucune réserve, avec Haïroullah, mais que lui, Midhat, croyait bon de ne parler à Haïroullah de déposition du Sultan que si Haïroullah entamait, le premier, l'entretien à ce sujet.

Haïroullah ne tarda pas, dans un entretien de deux heures qu'il eut bientôt avec Midhat, à parler de la déchéance prévue ; et les deux hommes d'Etat se mirent complètement d'accord.

La puissante coopération du chef de la religion simplifiait tout.

Midhat se décida à ne plus atermoyer, Il se rendit sans retard au yali de Mehmet-Ruchdi-Pacha, yali situé à Bébek.

Mehmet-Ruchdi était en conférence avec Rachid-Pacha, ministre des affaires étrangères, Dervisch-Pacha et d'autres hauts personnages.

Il comprit que la visite de Midhat avait un but confidentiel. Il dit à Midhat :

— Je vais à la Sublime-Porte... Faites-moi le plaisir de m'accompagner...

A la Sublime-Porte, le grand vizir se mit à expédier quelques affaires urgentes. Puis, Midhat, resté seul avec Mehmet, expliqua qu'au point où l'on était, il fallait fixer les derniers détails et agir.

Ruchdi écouta avec beaucoup d'attention, mais prétendit, selon son habitude, qu'il ne fallait pas aller si vite. Puis Ruchdi voulut se remettre à l'expédition des affaires courantes, et prit du papier pour écrire je ne sais quoi.

Rouge d'indignation et de colère, Midhat arracha la feuille des mains de Ruchdi, la jeta au loin et s'écria :

— Quoi, dans un moment suprême et lorsque je vous parle de la question la plus grave possible, lorsque l'existence et le bien-être de la Nation sont en jeu, vous vous taisez !... Vous vous mettez à écrire des futilités !... Vous êtes pourtant le patriote par excellence !... Je ne m'attendais pas à tant de froideur et d'indifférence de votre part !... Votre conduite présente n'est pas en harmonie avec vos protestations d'amour envers la patrie, protestations que vous m'avez mille fois répétées !

L'énergie de Midhat déconcerta le grand vizir, pétrifié, muet, tremblant.

Midhat continua :

— Le fetfa est rédigé !... Presque tous les ulémas sont sur la brèche !... Les généraux adhèrent !... Le peuple nous suit !... Quelles circonstance plus favorables pourrions-nous attendre ?... Pourquoi tergiverser ?... Réfléchissez donc !... Si les événements faisaient avorter nos desseins, non seulement la régénération du pays serait renvoyée à la fin des siècles, mais encore vous, moi, tous les affiliés porteraient leur tête sur l'échafaud ! Ecoutez ! Avant de mourir, je saurai parler ! Et ma dernière parole vouera à l'exécration de la Nation, du monde, de la postérité, vous, celui qui, avec plein consentement, aura laissé tisser la trame, pour la déchirer au dernier moment !

Ruchdi, les yeux hagards, pâle comme un mort, répondit en balbutiant :

— Ainsi les choses en sont là, réellement !... Il est donc vrai qu'un grand nombre de généraux, d'ulémas, de softas soient au courant du projet !... Il est conforme à la vérité que vous ayez en main le fetfa de déchéance promulgué par le Schek-ul-Islam !

— Mais certainement !... Est-ce qu'un événement, aussi exceptionnellement important que celui que nous projetons, pourrait être réalisé par l'œuvre et l'affiliation de deux ou trois individus quelconques ?... Est-ce qu'il ne fallait pas avoir en main le fetfa dont les considérants établissent, à la teneur de notre sainte Religion et positivement, les droits de la Nation ? Est-ce que ce fetfa n'est pas également destiné à justifier notre conduite en face des pays étrangers ?... Comment pouvez-vous supposer que je vous presse d'agir, si je ne possède pas le consentement des généraux, des ulémas, des softas, et si je ne suis pas prêt à publier le fetfa ?...

— Alors ?

— Alors ! Il faut, dès ce soir, nous réunir et fixer les derniers détails, le jour le plus prochain, l'heure la plus propice !

— Hé bien, Midhat, trouvez-vous, ce soir, chez vous !... Nous prendrons la décision voulue !

En effet, le soir, tous les affiliés étaient réunis chez Midhat, et tout fut fixé.

CHAPITRE V

LE 30 MAI 1876. — MIDHAT GRAND VIZIR. — LE
SUICIDE D'ABD-UL-AZIZ. — LA MALADIE DE
MOURAD.

Voici le plan qui fut approuvé — celui que
Midhat-Pacha avait suggéré dès le premier
moment. Cependant, ce plan, on va le voir,
ne fut pas exécuté.

La volonté du peuple, relative à la déposition
d'Abd-ul-Aziz, devait être proclamée dans la
mosquée de Nourri-Osmanié, au moment de la
prière ; l'armée approuverait la décision du
peuple. C'était fort simple.

Sa Majesté Impériale avait ordonné que la
flotte ottomane, ancrée devant le palais de
Dolma-Backtché, n'aurait à bord ni poudre, ni
matières explosives. Il fallait, cependant,
envoyer des gargousses sur les vaisseaux, ne
fût-ce que pour tirer la salve règlementaire lors
de l'élévation au trône d'un nouveau Sultan.
On déclara que l'anniversaire de la déclaration
de l'Indépendance américaine était proche, que,
dès lors, il fallait saluer le drapeau américain,

cc jour-là, car les États-Unis vivaient en paix avec la Sublime-Porte et n'avaient jamais causé aucun trouble à la Turquie.

Avec ce prétexte, l'embarquement des poudres — et même des boulets — eut lieu sans attirer les soupçons.

Sur ces entrefaites, Hussein Avni fit convoquer, en toute hâte, le conseil des ministres. Ceux-ci, affiliés ou non, comprirent qu'il existait quelque gros problème à résoudre et s'empressèrent de courir, à Scutari, au yali du secrétaire d'État de la guerre.

Hussein leur tint le discours suivant :

— Messieurs, nous sommes perdus !... Sa Majesté Impériale m'a fait appeler d'urgence, au palais, par son premier aide de camp. J'ai flairé un mauvais coup ! Je me suis enfermé dans mon harem, et j'ai fait dire à l'aide-de-camp que, malgré mon désir d'obtempérer aux ordres du Sultan, j'étais si malade que je ne pouvais quitter le lit. J'ai ajouté : Dites bien à Sa Majesté Impériale que je me rendrais, dès qu'il me sera possible de me tenir debout, à ses ordres.

« Messieurs, l'insistance mise par le Sultan à m'interroger d'urgence ne me présage rien de bon ! Sa Majesté Impériale a-t-elle été mise en éveil par les préparatifs de la flotte ?... Sommes-nous trahis ?...

« En tout cas, je crois nécessaire de mettre notre plan à exécution le plus tôt possible, et de devancer, de trente-six heures, le moment de l'action ! Je n'aurai juste que le temps nécessaire pour faire marcher les troupes !... Je crois pouvoir arriver quand même à nous sauver !...

Il faut dire que Hussein avait été très irrité de ce qu'on eût préféré le plan d'action proposé par Midhat au plan proposé par lui, Hussein.

En écoutant le ministre de la guerre, les affiliés se sentaient mal à leur aise.

Midhat, seul, comprit les projets de Hussein Avni. Sans aucun doute, Hussein, au moyen d'une manœuvre de la dernière heure, voulait qu'on reprît le plan d'action direct par l'armée. L'armée pouvait être réunie en quelques heures ; les ulémas, les softas, non !

Midhat prit la parole :

— Je ne veux pas avoir l'air de me retirer parce qu'on a peut-être découvert quelles sont nos intentions !... Je reste à mon poste de combat !... Je proteste, toutefois, avec énergie, messieurs, contre la proposition de Hussein-Pacha !...

Hussein reprit :

— Vous n'ignorez pas, messieurs, que j'ai accepté, contre mes vues personnelles, il y a quelques jours, les vues de Midhat-Pacha, dont

je reconnais la haute intelligence politique !...
Si mes idées, depuis cet après-midi, se sont
modifiées, c'est que notre situation est totalement changée. Il y a quelques jours, nous
n'étions pas, comme en ce moment, sous le
coup de la trahison !... Quel est notre but ?
Sauver le pays oppressé par un fou furieux !...
Accomplissons cet acte par les moyens les plus
rapides !... Après, nous réglerons la situation
de l'Empire dans le sens si bien indiqué par
Midhat ! Pour sauver nos existences menacées,
nous pourrons disposer de la journée de
demain !... Donc, après-demain matin, si vous
acceptez ma proposition, nous proclamerons,
avec la grâce de Dieu et l'aide du Prophète, la
déchéance d'Abd-ul-Aziz et l'ascension de Mourad au trône impérial !...

Les affiliés acceptèrent en silence la proposition de Hussein.

Midhat seul répliqua :

— J'ai juré, devant Dieu et la main posée sur
le Koran, que je resterais avec vous fidèlement,
loyalement !... Allez donc et je serai avec
vous !... Toutefois, je proteste et vous prie de
prendre acte de ma protestation !...

On se sépara après avoir examiné l'exécution
du moindre détail. On prit jour pour une réunion nouvelle le lendemain lundi dans la soi-
rée.

Dès le mardi matin, on devait agir à ciel ouvert.

On prépara une note explicative à envoyer, par le moyen du télégraphe, à tous les ambassadeurs ottomans à l'étranger. Les bureaux télégraphiques devaient être pris et gardés jusqu'au moment où cette note aurait été expédiée.

Il y eut, à cette occasion, un incident assez plaisant que je me permets de conter par anticipation. Lorsque le général Ignatieff, ambassadeur de Russie, vit les mouvements populaires se dessiner et entendit parler de la déchéance prononcée à l'encontre d'Abd-ul-Aziz, il s'empressa de faire courir un secrétaire d'ambassade, porteur d'une dépêche, au plus prochain bureau télégraphique. A ce bureau, commandait Negib-Pacha — surnommé Napoléon — Le Pacha dit tranquillement au secrétaire : « Monsieur, dites à l'ambassadeur qu'aucune dépêche ne peut être reçue ni transmise. Le général Ignatieff attendra l'avis que je lui donnerai de la réouverture du bureau. Donc, il est inutile, pour l'instant, qu'il vous fasse trotter. »

Je crois ne pas avoir à décrire, avec des détails minutieux, la mémorable journée du mardi 3 mai 1876, journée où furent proclamés la déchéance d'Abd-ul-Aziz et l'avènement de

4.

Mourad. Un grand nombre d'écrivains ont minutieusement raconté ces événements qui sont, dès lors, fort connus.

Je me bornerai à dire les faits principaux.

Le Sultan Abd-ul-Aziz dormait tranquille dans les bras d'une odalisque à l'heure où les troupes cernèrent, du côté de terre et du côté de la mer, le palais de Becschik-Fasch.

Le malheureux prince Mourad, sous une pluie diluvienne, fut conduit par Hussein-Avni-Pacha au séraskiérat, où toutes les autorités religieuses, civiles et militaires l'attendaient.

Après la cérémonie d'usage, Mourad fut proclamé Kalife et Sultan. A ce moment, le Sultan déchu fut mené au Palais de Top-Capou.

Mourad, avant de quitter le séraskiérat, nomma grand-maréchal du Palais, le prince Halim-Pacha d'Egypte ; secrétaire, Kémal-Bey ; premier chambellan, Seïd-Bey.

Ces nominations déplurent à Hussein. Il les fit annuler ; et Sadullat-Bey, Ethem-Bey et Nourri-Pacha eurent les postes susdits.

Tout le monde comprit que Hussein, chef de l'armée, voulait plus que jamais s'imposer en maître et dominer le Sultan. Chacun avoua que le plan de campagne, imaginé par Midhat-Pacha, eût été préférable !... Mais que pouvait-on faire ?

On sait les chaleureuses ovations qui accueillirent Mourad, sur son chemin, depuis le séraskiérat jusqu'au palais de Sirkedgi-Iskélessi.

Ce fut à ce moment qu'il devint évident que les assertions de Hussein, relatives à la découverte du complot et à la nécessité de devancer l'heure d'abord fixée, étaient inexactes. On se livra à des recherches minutieuses en vue de savoir si quelque affilié avait trahi. Rien ne se découvrit ! Rien n'existait qui pût corroborer ce qu'avait affirmé Hussein !... La proclamation de Mourad s'était accomplie facilement, sans qu'une goutte de sang fût répandue, sans qu'aucun individu, dignitaire ou serviteur d'Abd-ul-Aziz, se fût interposé entre le souverain déchu et les affiliés !... Pas un cri, pas une protestation ne s'éleva contre le nouvel état de choses !

Non ! rien que des acclamations enthousiastes !... Dans la rue, au Palais, dans le peuple, dans l'armée, on ne rencontrait que des gens satisfaits d'avoir échappé à la tyrannie d'Abd-ul-Aziz.

La dictature de Hussein s'établissait. Ainsi, pendant trois jours, il donna l'ordre que personne n'eût à sortir du Palais où Abd-ul-Aziz n'habitait plus. Les ministres se trouvèrent enfermés.

Hussein imposait sa volonté, même dans les

moindres détails, au Sultan Mourad. Voici un fait à cet égard.

Hussein osa faire de vives remontrances à son maître parce que celui-ci, se rendant à la mosquée de Sainte-Sophie, le 2 juin, avait salué, de la main, les groupes — musulmans ou chrétiens — qui acclamaient Sa Majesté Impériale.

Aux observations de Hussein, le souverain se révolta. Il s'écria :

— N'oubliez pas, Pacha, que, devant Dieu, tous les hommes sont égaux. Je ne comprends pas le mot ghiaour (infidèle). J'ignore pourquoi un Sultan n'a pas le droit de répondre aux saluts respectueux de son peuple ! Je vous ordonne de ne plus vous mêler, dorénavant, des questions qui sont du domaine de mes actes souverains !

Cette déclaration du Sultan humilia fort Hussein, qui résolut de créer, au Sultan Mourad, les plus graves embarras. Hussein organisa, avec promptitude une manifestation dans le bazar Turc. Quelques gredins se mirent à crier que le Sultan voulait favoriser les chrétiens au détriment des musulmans ; que les femmes musulmanes, par ordre du Sultan, ne porteraient plus de *yaschmak* (voile) et même arrachèrent les yaschmaks des passantes...

Ce tumulte n'eut pas de suite, il est vrai. Le bon sens public y mit ordre.

Reprenons notre récit.

Deux heures après son transfert au palais de Top-Capou, Abd-ul-Aziz eut un accès de rage. Il essaya de se percer d'un sabre qu'il trouva sur une panoplie. Sa mère put, à ce moment, empêcher le suicide...

Abd-ul-Aziz, enfin à peu près calmé, écrivit à son neveu et demanda à être interné, non à Top-Capou, mais dans le palais, mieux aménagé, de Tchéragan. Le Sultan Mourad décida, malgré l'opposition de Hussein, que le souverain déchu habiterait le palais de Férié. Abd-ul-Aziz fut conduit à ce dernier palais le 2 juin (1).

Mourad soutenait une lutte incessante contre ses ministres au sujet de la rédaction du rescrit (Hatt impérial) relatif à la promulgation de la constitution. Hussein-Avni et Mehmet-Ruchdi étaient contraires à l'octroi de la Charte. Presque seul, en tout cas mollement appuyé, Midhat-Pacha, basant son argumentation sur le Koran, dont la loi est essentiellement démocratique, s'efforçait de convaincre le conseil en faveur du régime libéral.

---

(1) Consultez l'ouvrage du comte de Kératry : *Mourad V, prince, sultan et prisonnier d'Etat.*

Le Sultan Mourad se rangea du côté de Midhat, et le nomma grand vizir avec pleins pouvoirs en vue d'établir le nouveau régime. La bonne foi de Mourad, les circonstances, l'opinion publique, tout imposait cette nomination.

La décision du Sultan Mourad eut lieu le samedi... Le dimanche Mourad apprit la mort d'Abd-ul-Aziz. Celui-ci avait réussi à mettre fin à ses jours.

Mourad, brusquement prévenu, se sentit frappé au cœur et tomba sans connaissance.

Quand il reprit ses sens, il s'écria :

— Hussein-Avni et Rédif-Pacha m'ont couvert de honte !... J'avais juré, à mon malheureux oncle, que, tant que je garderais le pouvoir, il vivrait tranquille !... Ces misérables l'auront fait assassiner et m'ont donné le coup mortel !

Mourad fut pris de vomissements et de douleurs aiguës dans la tête.

Il souffrait horriblement, quand on vint lui apporter d'autres nouvelles sinistres.

Un certain Tcherkes-Hassan, ex-aide de camp d'Abd-ul-Aziz, avait pénétré, le 16 juin, dans le yali de S. A. Midhat-Pacha, au moment où se tenait le Conseil. Là, Tcherkes, à coup de revolver, avait tué Hussein-Avni-Pacha, ministre de la guerre, Rachid-Pacha, ministre des affaires étrangères, blessé grièvement Kaiserly-Achmet-Pacha, ministre de la marine, et, plus légèrement, d'autres dignitaires.

Mourad eut de nouvelles syncopes... Il pensa qu'un déplacement de résidence lui serait favorable. Il voulut quitter, pour le Kiosque d'Yldiz, le palais de Reschik-Fasch.

Les médecins ne comprenaient rien à la maladie du Sultan. L'ignorance, dans le diagnostic à établir, n'est pas spéciale aux docteurs de l'Orient !...

Les ministres décidèrent d'appeler le professeur Leidesdorf, célèbre clinicien viennois. Le 10 août, Leidesdorf ausculta, pour la première fois, l'auguste malade. « Le cas était des plus sérieux, mais on pouvait garder tout espoir de guérison ! » Leidesdorf affirma que la cure, « avec surveillance spéciale, devait se faire à Vienne ». Ce fut la première consultation.

Il s'ensuivit une chaude discussion dans le Conseil. Quelques ministres pensaient qu'on pouvait envoyer le Sultan à l'étranger : c'étaient les plus libéraux, guidés par le grand vizir. La majorité vota contre la motion et déclara, en se basant sur le Koran, que Sa Majesté Impériale ne devait, en aucun cas, quitter le territoire de l'Empire. Midhat-Pacha examina les divers passages de la loi, et, à l'aide d'une glose logique, prouva qu'on donnait, aux textes, une interprétation trop absolue... Ce fut en vain !

Cependant le professeur Leidesdorf reprit le chemin de Vienne, en laissant un second avis motivé — très différent du premier : « La maladie était incurable ! » Il est difficile de savoir si le célèbre clinicien a obéi à des suggestions, quand il rédigea le second document contraire à son premier avis.

Le Conseil examina la question de savoir si le gouvernement pouvait rester sans chef. Il fut décidé de consulter à ce sujet S. A. I. le prince Abd-ul-Hamid, frère de Mourad. Midhat-Pacha fut désigné pour aller interroger ce prince héritier. Midhat devait demander à Abd-ul-Hamid si ce dernier acceptait d'être nommé régent pendant le cours de la maladie du Sultan Mourad.

Abd-ul-Hamid écouta d'abord attentivement le grand vizir ; mais, dès qu'il entendit le mot régence, il se leva brusquement en s'écriant : « Une régence ? Jamais ! »

Il promit, toutefois, à Midhat, que, si lui, Abd-ul-Hamid, prenait la direction de l'Etat, la Constitution serait promulguée, et il approuva entièrement les bases de la Charte projetée.

Le grand vizir ne s'illusionna pas et comprit qu'Abd-ul-Hamid nourrissait des arrière-pensées. Aussi, de retour au Conseil, Midhat insista pour que le mot *régence* fût clairement énoncé.

De cette entrevue naquirent, entre le prince et le premier ministre, des difficultés que rien ne put aplanir.

Ici, sans aucun doute, le lecteur me demandera mon opinion sincère au sujet de la mort d'Abd-ul-Aziz. Oui ou non, le Sultan s'est-il suicidé ?

Que le lecteur bienveillant me permette de réserver ce sujet à plus tard... Quand le lecteur aura connu la suite des événements ; quand il aura en main le compte rendu du procès inique intenté ultérieurement au martyr Midhat ; quand il aura pris acte des rapports des médecins — dont la plupart étaient docteurs des ambassades étrangères à Constantinople ; — quand sa religion sera éclairée par les déclarations des témoins, il se prononcera en sûreté de conscience.

Mon opinion personnelle aurait-elle le poids des documents indiscutables et indiscutés, que j'insérerai, des faits probants dont je témoignerai ?

Le lecteur verra que Midhat a été sacrifié à la crainte qu'Abd-ul-Hamid avait de voir publier certains papiers dont Midhat était le détenteur, papiers qui existent encore, qu'on espérait anéantir !

Mais n'anticipons pas !...

Cependant, les événements funestes à l'Empire se précipitaient !... L'Herzégovine, d'un bout à l'autre, était en feu !... La Serbie et le Monténégro venaient de déclarer la guerre à la Turquie !

CHAPITRE V

LE SULTANAT PROVISOIRE D'ABD-UL-HAMID. — PRO-
MULGATION DE LA CONSTITUTION. — CETTE CONS-
TITUTION ÉTAIT-ELLE BONNE ET VIABLE ?

Le 10/31 août, le prince Abd-ul-Hamid-
Effendi se présenta au séraskiérat, où l'on dis-
cutait la question de la régence.

Le prince se vit dans l'obligation de sous-
crire une déclaration par laquelle « il acceptait
le trône à la condition de remettre le pouvoir
impérial à Mourad, dès que celui-ci serait
guéri ». Devant cette déclaration, toute opposition cessa, même celle de la majorité des
ministres et celle du Schériff de la Mecque,
Abd-ul-Moukalib-Effendi.

Le document, muni des sceaux de l'Etat, fut
remis entre les mains de S. A. Midhat-Pacha.

Cent un coups de canon annoncèrent, aux
habitants de Constantinople, la déchéance provisoire du Sultan Mourad et l'élévation — provisoire, j'insiste ! — du Sultan Abd-ul-Hamid.

L'événement fut discuté, presque incompris.
Le public ignorait que le sultanat d'Abd-ul-
Hamid était un simple titre donné à la régence.

Quelques rapides indications biographiques sur le compte d'Abd-ul-Hamid me semblent nécessaires.

S. M. I. Abd-ul-Hamid est né le 22 septembre 1842. Son instruction fut bornée. Il ne comprend, hors le turc, que peu de mots français. Cette connaissance sommaire d'une langue étrangère lui fut donnée par une couturière belge. Nous taisons le nom de cette femme, ainsi que certains détails qui la concernent.

Le caractère d'Abd-ul-Hamid a, pour caractéristique, la méfiance et le goût au plaisir procuré par la vengeance. Il est avare. Notre grand poète ottoman Kémal l'appelle *Pinti Hamid* (Hamid l'avare).

Dans ses discours, il se montre volontiers libéral ; dans ses actes, il est plus qu'autoritaire.

A l'avènement d'Hamid à l'Empire, le Sultan Mourad et son auguste famille furent envoyés au Palais de Tcharagan. Cette demeure devint, après trois jours, une véritable prison. Il ne fut plus permis, à Mourad, de recevoir la visite de ses intimes Seïd-Bey, Ismaël-Bey et Hussein-Effendi. Aucune nouvelle relative à Mourad ne transpirait au dehors. Etait-il guéri ? Etait-il vivant ?

La Constitution ottomane, après quelques

corrections (?) faites par le Sultan Hamid, fut promulguée le 11/23 décembre 1876.

Voici le texte du firman adressé, à ce sujet, par S. M. I. Hamid à S. A. Midhat-Pacha, grand vizir :

Mon illustre vizir Midhat-Pacha.

La puissance de Notre Empire déclinait. Les questions du dehors n'en étaient point la cause ; celle-ci se trouvait dans le fait que l'Administration intérieure ne suivait pas le droit chemin et que les liens de confiance des sujets envers le gouvernement s'étaient relâchés.

Aussi, mon Auguste Père, feu le Sultan Abd-ul-Medgib, avait-il octroyé un commencement de réforme dans le *Fauzimat*, qui, conformément aux dispositions sacrées du *Chéri*, garantit la vie, les biens et l'honneur de tous.

Par l'effet salutaire dudit Fauzimat, l'Etat a pu, jusqu'ici, se maintenir sur une base de sécurité qui nous permet, aujourd'hui, de proclamer la Constitution, œuvre des désirs et des opinions librement formulées.

Dans le présent jour heureux, j'aime à rappeler l'œuvre de mon Auguste Père, considéré, à juste titre, comme le régénérateur de l'Empire, et à mettre en pratique les vœux qu'Il formulait.

Je ne doute pas qu'Il eût lui-même inauguré l'ère constitutionnelle, que Nous ouvrons, si, à l'époque de la promulgation du Fauzimat, Il eût jugé conforme aux besoins du temps la proclamation d'une Charte.

C'est à notre règne que la Providence a réservé le soin d'accomplir la transformation heureuse qui est la garantie suprême du bien-être de Nos peuples. Je rends grâce au Ciel qui m'a choisi en vue de me faire opérer une pareille transformation.

Il était évident que les principes sur lesquels reposaient Notre Gouvernement, étaient devenus incompatibles avec les modifications introduites successivement, dans notre système de gouvernement, par le développement croissant de nos relations extérieures.

Notre plus ardent désir est de faire disparaître toutes les entraves qui empêchent la Nation et le Pays de profiter, comme il convient, des ressources naturelles, qu'ils possèdent, et de voir Nos sujets mis en possession des droits qui appartiennent à une société civilisée, et s'unir dans la même pensée de progrès et de concorde.

Il était nécessaire, pour atteindre ce but, d'adopter un régime salutaire et régulier sauvegardant les droits imprescriptibles du Pouvoir gouvernemental et prévenant les fautes et les abus de toutes sortes qui sont les résultats d'actes illégaux, c'est-à-dire de rendre impossible toute domination arbitraire, de la part d'un ou de quelques individus. Il était nécessaire d'accorder, à Nos peuples, des droits égaux, de prescrire des devoirs semblables aux différents membres qui composent la Nation et de mettre chacun à même de profiter immédiatement des bienfaits procurés par la justice, la liberté et l'égalité.

C'était le seul moyen de garantir tous les intérêts.

De ces principes essentiels découlait la nécessité d'une œuvre éminemment utile, l'œuvre de rattacher le Droit public au système délibératif et constitutionnel.

C'est pourquoi, dans le Hatt que Nous avons promulgué lors de notre avénement au trône, Nous avons déclaré qu'il y avait urgence à la création d'un Parlement.

Une commission composée des plus hauts dignitaires de l'Empire, ulémas et fonctionnaires de l'Administration, a élaboré, avec soin, les bases de Notre constitution. Ce premier travail a été revisé et approuvé par Notre Conseil des Ministres.

Cette charte fondamentale précise Nos prérogatives souveraines ; la liberté et l'égalité civile et politique des Ottomans devant la loi ; la responsabilité et les attributions des ministres et des fonctionnaires ; le droit de contrôle du Parlement ; la nécessité de l'équilibre du budget ; et, enfin, la décentralisation administrative des provinces, tout en réservant l'action et les pouvoirs du gouvernement central lorsqu'il faudra prendre certaine décision ultime.

Ces dispositions sont conformes aux préceptes du Chéri, aux aptitudes, aux aspirations de Notre peuple. Elles sont dictées par le désir d'assurer le bonheur et la prospérité de tous, ce qui est le but suprême de Nos efforts.

En me confiant à la grâce de Dieu et à l'intercession du Prophète, je remets, entre vos mains, l'acte libellé de la constitution à laquelle je donne Ma sanction impériale.

Avec l'assistance de Dieu, cette constitution aura son application immédiate dans toutes les parties de Notre Empire.

En conséquence, je veux fermement que vous exécutiez la promulgation nécessaire, afin que la constitution soit, à partir d'aujourd'hui, connue et mise en vigueur dans l'Empire. Vous devez également prendre les mesures, les plus promptes et les plus efficaces, pour procéder à l'étude et à l'élaboration des lois et des règlements dont il est fait mention dans ladite constitution.

Que le Très-Haut daigne accorder le succès à ceux qui travaillent en vue du salut de l'Empire et de la Nation !

Je confirme tous les traités conclus avec les Puissances amies. Vous vous occuperez activement de faire observer l'exacte exécution de ces traités ; et vous consacrerez tous vos efforts à l'affermissement et au développement des bonnes relations entre l'Empire et les gouvernements étrangers.

Telles sont Mes volontés !

Prions Dieu de couronner de succès Nos efforts.

Donné ce jour de 23 chaban 1293.

(Archives de la Sublime Porte.)

De ces belles promesses, de ces sentiments exprimés avec tant de précision, qu'est-il bientôt resté ?...

La promulgation de la Charte se fit avec apparat, en présence des dignitaires et des fonctionnaires de la Sublime-Porte, des ulémas mahométans et des primats des confessions religieuses autres que l'islamisme.

Je dois, sur le chapitre de cette cérémonie, conter un fait, inconnu en Europe et qui prouve combien Midhat-Pacha tenait à ce que les bienfaits constitutionnels fussent égaux pour tous les Ottomans, qu'ils appartinssent ou non à la foi de l'Islam.

Il est d'usage en Turquie — et c'est une excellente habitude ! — d'invoquer, dans toute cérémonie importante, l'assistance et la bénédiction du Très-Haut. L'uléma le plus en vue avait été chargé de réciter la prière de circonstance.

Les assistants, debout, gardaient un silence religieux... Dès la première phrase, prononcée par l'uléma, Midhat-Pacha interrompit.

En effet, le prêtre — un beau vieillard — avait commencé à parler comme suit :

— Que la bénédiction de Dieu descende sur la tête du souverain des musulmans...   .

Midhat s'écrie :

— Vous vous oubliez, Schek !... Sa Majesté Impériale est le souverain non des seuls musulmans, mais de tous les Ottomans !

On peut comprendre l'impression produite sur le public. Les fanatiques s'émurent. Quelques voix dirent que le grand vizir était un *ghiaour* (infidèle). Mais la grande majorité des assistants applaudit fortement Midhat.

Un moment, on avait pu craindre des conséquences graves ; on redouta des voies de fait entre les libéraux et les fanatiques. Grâce, toutefois, à l'impassibilité de Midhat, à son ascendant, il put imposer silence, et la cérémonie continua sans encombre.

Je le répète, le but le plus haut, aux yeux de Midhat, était l'égalité absolue entre chrétiens et musulmans.

5.

J'ai le droit de croire que le jour même où Sa Majesté Impériale ordonna de promulguer la Constitution, Elle pensait à l'abroger. Les faits subséquents corroborent fortement cette opinion.

Il y avait, dans la Constitution, deux articles que le Sultan ne goûtait pas. Les voici :

ART. 9. — Tous les Ottomans ont droit à la liberté individuelle, sous la condition de ne pas porter atteinte à la liberté d'autrui.

ART. 10. — La liberté individuelle est inviolable. Nul ne peut, sous aucun prétexte, subir une peine quelconque, s'il n'a pas été condamné dans les cas déterminés par la loi et dans les formes prescrites par celle-ci.

Par contre, l'article 113 plaisait beaucoup à Sa Majesté Impériale. C'était Elle, au reste, qui, malgré l'opposition de Midhat, avait tenu à l'insertion de cet article :

ART. 113. — A Sa Majesté le Sultan appartient le droit d'expulser, du territoire de l'Empire, ceux qui, à la suite d'informations dignes de confiance, recueillies par l'Administration de la Police, seraient reconnus comme se livrant à des manœuvres portant atteinte à la sûreté de l'État.

Ce paragraphe mérite d'attirer notre attention. C'est en vertu de sa teneur qu'Abd-ul-Hamid, plus tard, put, légalement, expulser Midhat du territoire ottoman.

Le bon Midhat, dans l'occurrence, avait cédé
à la ferme volonté de Sa Majesté Impériale,
bien que cette disposition législative lui parût
suspecte. Midhat avait l'intention bien arrêtée
de la faire modifier un jour ou l'autre. Mais il
disait : « Bâtissons, d'abord, le gros œuvre
et les murs. Les détails d'ornementation seront changés au moment opportun ! »

La promulgation de la Constitution ottomane étonna l'Europe et fut vivement critiquée
par plusieurs hommes d'Etat.

Le général Ignatieff, ex-ambassadeur de
Russie à Constantinople, ne se fit pas faute de
déblatérer contre la Charte turque.

Le mot que le régime libéral était une uto-
pie, dès qu'il s'agissait de la Turquie, fut prononcé de divers côtés.

Que le général Ignatieff eût de bonnes raisons pour s'exprimer ainsi, cela se conçoit !
Mais que Lord Dufferin, commissaire et
envoyé extraordinaire de S. M. la reine d'Angleterre en Egypte, ait parlé de la même sorte,
cela ne se comprend pas !

Lord Dufferin, en effet, a dit : « Vouloir gouverner constitutionnellement la Turquie est un
plan d'une réalisation impossible et qui ne pouvait être tracé que dans les rêves de Midhat-
Pacha ! »

Mais pourquoi cela ?

Midhat-Pacha était-il un simple extravagant?
Certes non ! Ce fut l'homme qui avait le plus
ardemment, le plus longtemps et le plus scru-
puleusement étudié les conditions, les besoins,
les aspirations, les habitudes des populations
ottomanes ! Ce fut l'homme qui, avait lu tous
les ouvrages de géographie, d'histoire, relatifs
à la Turquie ! Ce fut l'homme qui avait parcouru, visité, en méditant sur les problèmes
sociaux, toutes nos provinces !... Qui avait
voulu se mettre en contact avec les diverses
races d'Orient, Grecs, Albanais, Pomaks, Bulgares, Turcs, Syriens, Druzes, Maronites, Arabes, Turcomans, Arméniens, Circassiens !...
Qui avait gouverné toutes ces races, en qualité
de gouverneur général en Albanie, à Sofia, à
Salonique, à Beyrouth, Damas, Jérusalem,
Bagdad, Bassorah !... Qui avait tout vu, qui
s'était entretenu avec chacun, depuis les bords
du Danube jusqu'à l'extrémité sud du Golfe
Persique !... Ce fut l'homme qui pouvait enseigner les autres !

Quoi ! Auprès de certains esprits, à vue
courte, la force de caractère de Midhat, ni
son activité, son patriotisme, sa haute intelligence, ses longues études, sa générosité, sa
bonté, son courage, n'ont milité en sa faveur !

Mais laissons l'homme ! Voyons l'œuvre !

Cette constitution était-elle mauvaise ?

Elle mettait un frein à l'absolutisme du Sultan, à l'irresponsabilité des ministres et des fonctionnaires, aux abus de la justice ! Elle empêchait les prévarications et les concussions des valis et des gouverneurs, les exactions des employés ! Elle brisait un système d'impôts vexatoires ! Elle donnait des bases à la liberté de l'individu, un terrain pour le développement de la science et des arts, du commerce et de l'industrie ! Elle donnait une force, longtemps inconnue en Orient, aux droits de propriété ! Elle assurait la liberté des cultes, la liberté de la presse, le droit de contrôle ! Elle visait la réconciliation des Ottomans, musulmans ou chrétiens, la concorde entre les citoyens !... Etait-ce un mauvais but, tout cela ?

Elle ne froissait aucun des sentiments, aucune des habitudes de la nation ! Elle était acceptée par les plus hauts fonctionnaires, ulémas, généraux, comme par le paysan et l'ouvrier ; par le fidèle de Mahomet, le chrétien, l'israélite et le druse !

Comment donc était-elle mauvaise ?

Lord Dufferin, avant de lancer une épigramme sans portée, aurait dû se rappeler que l'Angleterre, au commencement du treizième siècle, lorsqu'elle reçut la première Charte, était infiniment moins avancée en civilisation que ne l'est la Turquie contemporaine. La

Charte anglaise a-t-elle nui au développement de la puissance britannique ? Non ! Octroyée à des peuples presque barbares, elle a été la base sur laquelle s'est élevée la grandeur du Royaume-Uni.

Que valent, au reste, les opinions dénigrantes du général Ignatieff ou de lord Dufferin devant les applaudissements unanimes de la presse européenne, qui ne tarit pas, il y a trente ans, en éloges adressés à Midhat ?

Enfin, dans sa brève existence, le Parlement ottoman, organisé par Midhat, a-t-il été cause d'insurrections, de troubles ? A-t-il donné, comme tant d'autres parlements, des exemples de scandale ? Non ! Les discussions ont été courtoises, les études approfondies, la bonne volonté des députés indiscutable !

Mais, il y a plus !... Hier, la Turquie, sans révolution sanglante, sans embarras, sans entraves créées par la nation, a repris la Constitution... Or, si cette Constitution eût été pernicieuse, ou même inutile, l'aurait-on saluée, à nouveau, avec tant de joie ?

Toute œuvre forte, nécessaire, même si elle est combattue à l'éclosion, a l'avenir pour elle !

L'œuvre de Midhat était donc pleine de force vitale, puisqu'elle a enfin triomphé ; puisque c'est à elle que l'Empire ottoman vient de demander une existence moins précaire ! Il en est de la Constitution de Midhat comme de ces personnages divins qu'on tue, qu'on met dans le tombeau scellé, puis, un beau jour, la terre s'ouvre et le mort transfiguré paraît glorieux !

Le temps, qui met tout au point juste, a prononcé l'irrévocable arrêt au bénéfice de Midhat.

CHAPITRE VI

MANŒUVRES CONTRE MIDHAT. — IL EST BANNI. —
IL QUITTE LE TERRITOIRE OTTOMAN. — MIDHAT
EN ESPAGNE ET A PARIS. — LA SOCIÉTÉ DES POSI-
TIVISTES.

La Constitution, cependant, était mal vue par
certains fonctionnaires, dont elle arrêtait les
déprédations, et, surtout, par les hommes qui
formaient l'entourage du Sultan.

On chercha, d'abord, à provoquer, dans la
Chambre législative, des scandales. L'attitude
calme, sereine, des députés éventa cette mine.
Pouvait-on crier : « Cette Chambre ne peut
marcher ainsi ! », lorsque la cohorte des représentants du peuple s'avançait droit ?

Il fallait donc frapper à côté pour frapper
plus sûrement.

On n'osait critiquer la Charte promulguée
par le Souverain. C'eût été censurer l'autorité
impériale !

On se décida pour une campagne de calomnies dirigée contre Midhat-Pacha, l'auteur de
la Charte.

On insinua, dans certains milieux, qu'Abd-ul-Aziz ne s'était pas suicidé, qu'il avait été assassiné ; que Midhat avait été l'un des complices du crime !...

Ici mon indignation déborde !... Midhat, le bon, le généreux Midhat, un assassin !... Je proteste avec toutes les forces de ma conscience !... Au reste, la question sera élucidée !...

Cependant, on travaillait ferme à l'encontre du grand vizir. Je sais pertinemment que certains ambassadeurs furent gagnés, afin qu'ils fissent des rapports tendant à prouver que le nouveau régime ne tarderait pas à se disloquer. On tenta, en vain, des manifestations populaires en vue de conspuer Midhat...

Enfin, le Sultan crut le moment favorable au rétablissement de l'autocratie.

Un fait préoccupait Sa Majesté Impériale. Midhat avait en main le document par lequel le Sultan avouait n'avoir accepté *qu'à titre provisoire* la dignité suprême. La disparition brusque de Midhat hors du théâtre politique devait amener, pensait-on, la reprise et la mise à néant de ce document.

Avant de continuer ma narration, je dois dire un mot relatif à l'enfant que Midhat avait, par pitié, recueilli dans les rues de Nisch. Cet enfant élevé par Midhat, protégé comme on

protège un fils par Midhat, s'occupait, devenu
jeune homme, de journalisme à Constantinople. Cet individu se mit à déblatérer contre
son bienfaiteur !... Ce fut le plus acharné des
détracteurs de Midhat !... Il fit cela pour devenir un des favoris du Sultan !...

Un autre jeune homme tint une conduite
analogue. Ce second individu, Tefwick-Bey,
occupait, près de Midhat, le poste de muschur-
dar (dépositaire du sceau).

Midhat-Pacha ne voulait pas croire à tant
d'ingratitude !... Midhat nous disait :

— Mes amis, les fausses nouvelles, colpor-
tées à mon égard, d'où qu'elle viennent, ne
sauraient influencer Sa Majesté Impériale, qui
sait parfaitement ce qu'il faut en croire !

Le 5 février 1877, un aide de camp du Sultan
vint inviter le grand vizir à se rendre, le plus
tôt possible, au palais.

Midhat ne perdit pas une minute pour se
rendre près du Souverain. Il fut reçu par 'e
premier aide de camp, Inglis-Saïd-Pacha qui
lui dit :

— Je suis chargé par Sa Majesté Impériale,
notre Auguste Maître, de vous annoncer que,
vu les rapports de police qui vous signalent
comme un homme dangereux et un conspirateur, — et vu l'article 113 de la Constitution
— vous êtes exilé et banni de l'Empire.

Midhat répondit en souriant :

— Cette décision confirme les bruits qui m'étaient signalés depuis quelques jours et auxquels je n'ai jamais voulu prêter la moindre attention. Ma tranquillité de conscience est complète. Je désire, toutefois, que les rapports mensongers qui m'accusent me soient communiqués. Il me sera facile de démontrer qu'ils sont faux. Le Sultan se tromperait lourdement en frappant un innocent. Cela nuirait à la nation et à la personne même du souverain. En tout cas, voici les sceaux de l'Etat !... Je suis prêt à partir.

Le premier aide de camp, fort émotionné, reprit la parole :

— Altesse, vous serez embarqué sur le vaisseau de l'Etat *Izzédin*, dont le capitaine est muni d'ordres spéciaux. Vous êtes autorisé à envoyer chez vous, un domestique, que vous me désignerez, prendre des effets et annoncer la fatale nouvelle à votre famille. Ce domestique sera accompagné par un aide de camp. Votre famille n'est pas autorisée à vous voir ni à vous suivre. Vous ne pourrez communiquer avec qui que ce soit !

Une embarcation de l'*Izzédin*, qui était ancrée devant le palais, conduisit Midhat à bord. Cinq minutes avant le départ, un aide de camp vint remettre à Midhat 500 livres turques (15,000 francs) et demanda au grand vizir :

— Altesse, avez-vous quelque communication à faire à Sa Majesté Impériale.

— Dites au souverain que je suis heureux de me voir dégagé de toute responsabilité dans des moments difficiles. Certes, je n'aurais jamais abandonné, par lâcheté, le poste qui m'avait été confié !... Je suis relevé de mes fonctions ; tant mieux pour moi !... J'espère que la patrie n'aura pas à souffrir de ma chute. S'il plaît à la Providence que, plus tard, je rentre dans mon pays, je serai profondément satisfait de le voir dans des conditions de prospérité !... Mais, hélas ! je crains que Sa Majesté Impériale, entourée de mauvais conseillers, ne se laisse entraîner à commettre des faits qui La rendraient insupportable à la nation !

Cependant, Youssouf-Aga, aidé par la famille de Midhat, avait réuni, à la hâte, quelques hardes. Au reçu de la malle contenant ces effets, l'*Izzédin* partit.

Youssouf était très affectionné à Midhat. C'était le modèle des serviteurs. Il avait caché, sous son manteau, deux revolvers et une boîte de cartouches, afin, le cas échant, de faire payer cher leur crime à ceux qui voudraient commettre, pendant le voyage, un attentat sur la personne de Midhat.

Le grand vizir descendit dans la cabine qui lui avait été réservée, ferma la porte à clef, et, le pistolet au poing, près du fidèle Youssouff, attendit les événements.

Le commandant de l'*Izzédin*, bientôt, frappa à la porte et fut introduit.

— Altesse, j'ai l'ordre de conduire, hors des terres de l'Empire, Votre Altesse où Elle voudra !

— Bien, à Brindisi !

— Je supplie Votre Altesse de croire que j'obéis à contre-cœur aux ordres reçus... Je sais, à l'instar de l'entière population de l'Empire, que vous êtes le seul homme capable de mettre le pays hors de la désastreuse situation où il se trouve !... Je parle non seulement en mon nom, mais au nom de tous les officiers et matelots du bord !... Je prie Votre Altesse d'agréer l'expression des sentiments de respect que nous avons tous pour la personne de Votre Altesse !... Nos vœux les plus ardents sont dirigés vers l'espoir de revoir bientôt, parmi nous, Votre Altesse à Constantinople !...

Midhat répondit :

— Ish Allah ! (Espérons en Dieu !)... Je vous remercie, commandant !... Remerciez, de ma part, les officiers, l'équipage et le personnel entier du bord !... Vous êtes soldats !... Obéissez donc aux ordres que vous avez reçus de vos supérieurs !

La famille de Midhat ne s'attendait pas à l'exil de son chef. Elle fut consternée !

De voisin à voisin, la nouvelle se propagea comme le feu d'une traînée de poudre ! Partout, les récriminations violentes, les injures même, s'élevèrent contre le Sultan. Plusieurs ambassadeurs ou ministres étrangers, malgré la réserve diplomatique, ne cachèrent pas leur indignation !

Ami lecteur, cet acte d'arbitraire commis au préjudice du plus haut dignitaire de l'Etat ne prouve-t-il pas, surabondamment, combien il est nécessaire d'avoir, dans un pays, une loi qui mette chaque individu, même le plus humble, à l'abri de la délation, à couvert d'un rapport mensonger de police ? Le bon Midhat avait-il tort de vouloir que la Turquie eût une Constitution, eût des lois de protection pour le simple citoyen ? Dans un pays où le premier ministre peut se voir banni sans jugement et sans raison, quel est le sort réservé au pauvre, à l'inconnu ?

Au moment du bannissement de Midhat, je me trouvais à Roustchouk, en mission. J'étais chargé d'inspecter la comptabilité de la Société de navigation fluviale sur le Danube, Société dirigée par Déli-Dilaver-Pacha. Il courait, à

Constantinople, des bruits défavorables sur la bonne gestion de cette administration... Je devais adresser mon rapport au grand vizir.

Je dois rendre justice au gouverneur général du vilayet du Danube à cette époque. Ce fonctionnaire était S. Exc. Sadik-Pacha, ex-ministre des finances, ex-ambassadeur de Turquie à Paris. Sadik-Pacha fit son possible pour faciliter mon travail. Sadik-Pacha n'ignorait pas que j'appartenais cœur et âme à S. A. Midhat, et lui-même professait à l'égard du grand vizir le plus grands dévouement.

Le troisième jour qui suivit l'exil de Midhat, je reçus, de la part d'un excellent ami de Constantinople, le billet suivant :

— Prends garde !... Tous ceux que S. A. Midhat a protégés sont traqués comme des bêtes fauves. Dès qu'on les prend, on les emprisonne dans les forteresses d'État, ou on les expédie à Bagdad et à Mossoul. S'il est temps, sauve-toi sans perdre une minute !

Je me rendis, tout de suite, chez le gouverneur général.

— Excellence, je me sens souffrant. Je désire me rendre, sans retard, à Vienne, dans l'intention de consulter un médecin. Je prie donc Votre Excellence de bien vouloir m'accorder deux mois de congé. Un bateau dirigé vers le haut Danube passe demain. Je supplie Votre

Excellence de faire, dès à présent, bon visage à ma demande, pour que je puisse prendre ce bateau.

Sadik-Pacha se rapprocha de moi, et, me parlant le plus bas possible, répondit :

— Je comprends la gravité de votre subite indisposition. Partez ce soir même. Je vous donne, non deux mois, mais trois mois de congé !... Lorsque vous aurez rejoint Midhat-Pacha, n'oubliez pas de lui dire que j'ai été révolté de la mesure prise à son égard. Vous lui présenterez mes hommages respectueux ! Vous lui direz qu'il peut compter sur moi *en toute occasion !...* Bon voyage !... *Filez* sans être vu !... Je puis recevoir d'un moment à l'autre l'ordre de vous envoyer en prison !... Traversez le Danube sans plus attendre !... Allez vous embarquer à Giurgewo !...

Je fus tellement touché de la bonté de Sadik-Pacha que de grosses larmes inondèrent mes joues.

Mon congé en règle, une avance sur mes appointements empochée, je pris le chemin de Giurgewo, où, sur le bateau autrichien, je me munis d'un billet direct pour Vienne.

Ami lecteur, laissez-moi dire quelques mots relatifs à Sadik-Pacha. Il fut le meilleur — ou plutôt le seul — des financiers ottomans. Il fut grand vizir, gouverneur général de l'Archipel. Il professait des idées libérales ; et sa nomination au poste de l'Archipel fut une véritable relégation.

Il se trouvait dans l'Archipel, en 1881, lorsque les îles subirent le tremblement de terre qui ruina Chio.

Il était libéral en pays ottoman, donc il fut calomnié ! Ses ennemis l'accusèrent d'avoir détourné 11,000 livres turques, produit des souscriptions ouvertes en faveur des sinistrés. Le Sultan profita de ces bruits pour le destituer, en lui donnant l'ordre « de ne plus sortir de son domicile et de ne recevoir aucune visite ».

La commission locale et le comité international de secours aux sinistrés eurent beau déclarer que les accusations dirigées contre Sadik-Pacha étaient calomnieuses ; que le Pacha avait agi loyalement, honnêtement, charitablement, généreusement, dans la répartition des fonds... Rien n'y fit !... Sadik, dans sa propre maison, fut gardé au secret, puis relégué dans un village proche de Smyrne.

Un jour ou l'autre, dès qu'on pourra, il faudra réhabiliter la mémoire de Sadik, un martyr !

Cependant, Midhat-Pacha, débarqué à Brindisi, était arrivé à Naples, où le duc de San

6

Donato, syndic (maire de la ville), lui fit l'ac
cueil le plus chaleureux.

— Ainsi que Votre Altesse, dit le duc, j'ai été
exilé !... Et Votre Altesse voit que je suis rentré dans mon pays !

— Qui se ressemble s'assemble, monsieur le
duc, répondit Midhat... Donc, dans mon séjour
ici, je m'efforcerai de vous voir souvent.

Le consul de Turquie, à Naples, était Arthur
Garavini. Il crut de son devoir de rendre visite
à Midhat, le pria même à dîner. Après le dîner,
il y eut une réception où se présentèrent des
hauts fonctionnaires et des généraux italiens.
Un orchestre joua la marche ottomane ou quelque chose d'approchant... Dans la rue, de nombreux passants crièrent : « Vive Midhat ! »

Quelques jours plus tard, Garavini était destitué. Garavani, jeune, intelligent, voyait devant
lui s'ouvrir une brillante carrière... Sa femme
et lui moururent dans le tremblement de terre
d'Ischia.

Midhat se rendit à Rome, où l'ambassadeur
de Turquie, S. Exc. Essad-Pacha, lui fit fort bon
accueil. Essad, ensuite, fut nommé ambassadeur à Paris. Essad était un homme extrêmement affable et très grand seigneur. Il fut tout
à fait digne des hautes fonctions qui lui ont été
confiées. Sa mort, des plus regrettables, laissa

un vide qu'on ne put combler dans la diplomatie ottomane.

De Rome, Midhat se rendit à Marseille. De
là, il partit pour l'Espagne où ce grand travail-
leur, à qui l'inaction pesait, se mit à étudier
sur place, de ville en ville, l'histoire des Maures.

D'Espagne, Midhat alla à Paris, où je le
retrouvai.

Il me dit, dès le premier abord, avec joie et
fierté :

— Mon enfant, j'ai parcouru l'Espagne... Je
me suis livré à une longue étude qui m'a
prouvé — ce que je savais déjà ! — que le
Koran n'est pas contraire à la civilisation et au
progrès, ainsi que le disent nos ennemis !...
Quels monuments, délicats ou superbes, ont
laissés les Maures à Séville, Cordoue, Gre-
nade !... Que de livres intéressants ils ont com-
posés dans les jardins d'Andalousie !...

A Paris, Midhat écrivit une brochure, à propos de laquelle le docteur Fresel, de Royat,
publia l'article suivant :

Midhat, que l'inconstance et la versatilité de la
politique ont éloigné momentanément des affaires
publiques, vient de publier, chez l'éditeur Dentu, un
mémoire intitulé : « La Turquie, son passé, son
avenir », dont toute la presse s'occupe en ce moment.

Mais, avant d'aborder l'analyse de ce mémoire,

nous voulons, en quelques mots, dépeindre l'homme qui l'a pensé.

Midhat est un homme d'environ cinquante ans, de taille moyenne, de constitution robuste. Sa démarche est lente, mesurée, méthodique. Le visage est calme ; et, derrière les lunettes qui l'abritent, l'œil s'anime tout à coup, dès que la conversation prend de l'intérêt.

C'est un homme aux manières très douces, polies, d'une extrême bienveillance, et, nous en sommes convaincus, d'une grande bonté.

Comme tous les Orientaux de haut rang, il parle assez bien le français. Midhat est un observateur. Il sait écouter, qualité que nous avons pu apprécier chez plusieurs de ses compatriotes et qui, à notre avis, fait des diplomates turcs des diplomates de premier ordre.

Très simple d'allures, de vêtements et de langage, il tient cependant aux prérogatives de son rang et à l'étiquette.

Il ne comprend pas que l'on vive *pour manger*, mais bien pour penser et travailler. Le Pacha se lève de bon matin et travaille la plus grande partie de la journée. Il écrit ses idées ou les dicte à son secrétaire Vassif-Effendi (Clician) qui les classe.

Il a franchi le pas de géant, quand, dotant son pays d'une Charte à l'instar des autres nations européennes, Midhat a fait promulguer, par le sultan Hamid la constitution qu'il avait depuis longtemps élaborée.

Cette date est une grande époque dans l'histoire de la Turquie ! C'est Midhat qui aura eu l'honneur de demander le premier que les intérêts légitimes du pays soient représentés et défendus, que les finances ne soient pas gaspillées.

Midhat fait reposer l'avenir de la Turquie sur des considérations morales qu'il peut être utile de rappeler ici.

Père de famille modèle, il veut que l'Etat se relève par la reconstitution de la famille, par le relèvement de la femme, qui, pour le vieux parti turc, n'est qu'un meuble et une chose !... Aussi que de colères n'a-t-il pas déchaînées contre lui ! Mais aussi quels germes d'espérance et de relèvement national n'a-t-il pas déposés dans le sein du parti patriote, du jeune parti turc ! (1)

Clician-Vassif-Effendi est un jeune homme aux manières distinguées, élevé à Paris, parlant et écrivant notre langue comme un vrai Parisien, plein de sympathie pour la France et aimant ardemment son pays pour lequel il rêve une restauration pleine de grandeur et de dignité. Vassif-Effendi est tout dévoué au Pacha, dont il a suivi, depuis plus de douze ans, la bonne comme la mauvaise fortune, le servant avec le même cœur et le même dévouement. Vassif-Effendi est catholique.

J'ai cru devoir copier ce fragment pour faire connaître quelle sympathie, quelle considération faisait naître la présence de Midhat dans le cœur de ceux qui l'approchaient, que ce fussent des hommes d'Etat, des journalistes, des hommes de science ou de lettres.

A Paris, Midhat se sentit souffrant. Les médecins l'envoyèrent à Plombières.

---

(1) Je prie le lecteur de remarquer cette phrase, tracée il y a plus de vingt ans.

C'est de Plombières qu'il envoya au *Times* une lettre dont le retentissement fut considérable. La voici :

Monsieur, le télégraphe a répandu, en Europe, le récit d'actes de cruauté commis par les Russes en Asie et particulièrement au Caucase, sur les populations musulmanes, sans parler de leurs exploits dans la mer Noire, où ils ont fait sauter, avec les équipages, d'inoffensifs navires de commerce.

La rage de destruction dont les Russes sont possédés en face des Musulmans n'a respecté ni les hôpitaux ni les mosquées et les établissements d'utilité publique sur le Danube.

Les Monténégrins se sont montrés à la hauteur d'une tâche qu'ils avaient entreprise, d'après leurs déclarations, au nom de l'humanité, en faisant subir des mutilations atroces aux prisonniers turcs. Les Bulgares, stimulés dans leur zèle par des exemples venus de si haut, viennent de massacrer — dit un télégramme tout récemment communiqué par le *Journal des Débats* — les vieillards musulmans qu'on avait laissés, dans les villages, en vue de la récolte. Un autre télégramme rapporte le massacre, par les Bulgares, des habitants de Sistova.

Ce qui se passe, en Bulgarie, n'offre rien qui puisse étonner. C'est la reproduction des horreurs qui ont été signalées au début de l'insurrection de l'année passée. On a tant parlé, en Europe, des atrocités commises par les Bulgares, que le public a fini par ne plus y prêter attention, et à oublier cette première phase de l'insurrection.

Cependant, aujourd'hui, des actes de vengeance, commis par des particuliers ottomans, actes flétris et punis par le gouvernement turc, servent de thème à des attaques violentes contre la Turquie et de pretexte à une guerre injuste à laquelle l'Europe, par habitude, assiste les bras croisés. Pourtant, dans des circonstances, plus ou moins éloignées, mais à prévoir, les puissances regretteront de ne pas avoir empêché cette guerre néfaste.

J'espère que mon pays ne sortira pas, de la lutte, durement frappé. On se hâte trop de croire à la défaite de la Turquie. Celle-ci a donné, depuis un an, et donne présentement d'admirables preuves de force et de patriotisme dans la lutte qu'elle soutient sur le Danube, en Asie et au Monténégro.

Mon pays disputera, pied à pied, son territoire à l'ennemi !... Si mon pays succombe, il n'aura pas eu d'alliés, c'est vrai, mais il ne sera pas le seul vaincu.

MIDHAT.

Plombières, 8 juillet 1877.

Après un mois de séjour à Plombières, Midhat rentra à Paris. Il s'installa, avenue Victor-Hugo, dans un modeste appartement, où la Société des positivistes vint le saluer.

Midhat fit, au discours des positivistes, une réponse que je fus chargé de lire.

— Messieurs, je suis heureux de me trouver au milieu de personnes qui ne professent la haine des races, ni celle des religions autres que les leurs ! Le sentiment de sympathie qui émeut mon cœur près de vous est, du reste, bien fondé.

Depuis deux ans, l'Europe assiste à un spectacle déplorable.

Une puissance chrétienne, la Russie, amie et alliée d'une puissance musulmane, la Turquie, a fomenté les troubles les plus graves sur le territoire de celle-ci, au vu et au su du monde entier. L'ambassade russe, à Constantinople, les consulats russes, dans les provinces ottomanes, étaient des foyers d'intrigues. De là partaient les mots d'ordre, les suggestions qui faisaient éclater les révoltes ! (*Oui ! oui !*)

Cette même puissance chrétienne a armé le Monténégro et la Serbie contre leur suzerain, le Sultan. Elle a envoyé, dans des provinces ottomanes, des officiers et des soldats pour instruire et aider les insurgés, bien qu'elle gardât des relations diplomatiques officielles avec la Turquie. (*Oui ! oui !*)

La Turquie a culbuté ses vassaux ; et, sans chercher à abuser de la victoire, l'empire ottoman a offert la paix à la Serbie et au Monténégro. L'empire a donné l'égalité des droits politiques aux populations chrétiennes ! (*Très bien !*)

D'un côté, l'agression injuste, l'agression sous la forme brutale ; de l'autre, la modération et le calme dans la victoire.

Devant ce spectacle, un concert de voix, en Europe, s'est élevé pour condamner qui : la Russie ? Non, Messieurs !... La Turquie !

On n'a pas trouvé une parole de blâme pour l'agresseur !... On a vilipendé celui qui était en état de légitime défense ! (*Oui !*)

Je vais vous dire pourquoi.

Si les Turcs eussent été chrétiens, on aurait été plus juste envers eux ! C'est le préjugé religieux qui a été le plus fort, dans l'âme de ceux que l'étude et la connaissance des hommes et des choses auraient dû corriger de ce préjugé ! (*C'est vrai !*)

Mais à quoi sert donc la religion, si elle ne conduit pas à la justice ? (*Très bien !*)

La religion musulmane, malgré la défiance qu'elle inspire à nombre de chrétiens, est-elle ennemie de tout progrès, de toute culture intellectuelle, de tout art, de toute civilisation ? Non !... Il y a peu de temps, j'ai profité de mon séjour *forcé* en Europe, pour visiter l'Espagne. Là, on rencontre, à chaque pas, les débris d'une civilisation merveilleuse que les Arabes ont importée. Ce n'est pas à moi de dire si l'Espagne a progressé depuis que le christianisme a pris, sur cette terre féconde, la place de l'islamisme !

L'histoire répond suffisamment à cette question.

Je suis, toutefois, un grand admirateur des résultats obtenus, dans l'ordre moral et dans l'ordre matériel, par les nations chrétiennes de l'Europe. (*Bien !*)

Je suis, surtout, un admirateur passionné des institutions libérales que l'Europe s'est données. Ces institutions sont les garanties suprêmes offertes au progrès, les bases du bien-être des nations ! (*Bravo ! bravo !*)

Il ne m'appartient pas de discuter si ces institutions se sont élevées avec le concours du christianisme, ou malgré le christianisme.

Ce que je puis affirmer, c'est que la Constitution, en Turquie, a été promulguée avec l'appui et le concours enthousiaste des ulémas. Ceux-ci, chargés d'enseigner la morale et la religion dans l'Empire ottoman, ont été, de tout temps, portés vers le progrès. Si on étudiait l'histoire de l'islamisme, on se convaincrait vite qu'à l'époque des Abassites et des Eyoubis, les fondements de la démocratie et de la liberté, en Orient, ont été construits sur une légitime interprétation des sentiments religieux !

Un dernier mot !

La haine et la méfiance que certains chrétiens européens nourrissent contre l'islamisme n'ont pas d'équivalent, en Orient, à l'encontre des chrétiens et de la part des musulmans. Cette haine, grâce à Dieu ! diminue chaque jour et ne sera, bientôt, qu'un mauvais souvenir !

Les musulmans vénèrent et bénissent le fondateur du christianisme. Je suis le premier à reconnaître l'immense influence de ce fondateur dans l'adoucissement général des mœurs.

Pour ce qui regarde, en Orient, les chrétiens, nous, musulmans, nous ne voulons voir, en eux, que des frères, des Ottomans ainsi que nous, des Ottomans ayant les mêmes droits et les mêmes devoirs que nous ! (*Très bien ! bravo !*)

Si la religion, la race interposent, entre musulmans et chrétiens, quelques obstacles faciles à aplanir, nous pouvons, nous voulons être absolument unis en qualité, les uns et les autres, de sujets ottomans aimant leur pays ! (*Bravo ! bravo !*)

Voilà, Messieurs, ce que je tenais à vous déclarer en recevant votre adresse !

Relativement aux sentiments de sympathie que vous voulez bien exprimer en ma faveur, je n'ai pas besoin de vous dire combien ils me touchent le cœur. De tels sentiments, déclarés, partout sur mon passage et affirmés par des hommes illustres ou distingués, sont la plus efficace consolation pour moi, condamné à vivre loin de mon pays et loin de ma famille ! (*Applaudissements prolongés.*)

Il y avait un Hongrois à la réunion des posi-

tivistes. Midhat voulut lui adresser spécialement la parole.

« Et à vous, monsieur, qui avait apporté ici
les mâles accents de la noble nation hongroise,
dites à vos compatriotes qu'ils ont, en moi, un
réel compatriote à Paris, et, en Orient, un compatriote dans chaque Ottoman. La Turquie et
la Hongrie ont appris à s'estimer sur les
champs de bataille. Elles s'aiment aujourd'hui !
Puisse leur union servir à faire avorter les cri-
minelles manœuvres, auxquelles nous assis-
tons, dirigées contre le peu qui reste de l'équilibre européen ! »

Le discours de Midhat provoqua les plus
vives acclamations. L'ovation gagna la rue, où
les passants se mirent à applaudir. Midhat se
présenta trois fois au balcon. La police dut
intervenir pour rétablir la circulation...

Et Midhat me disait :

— Quel peuple généreux que les Français !

CHAPITRE VII

RETOUR A NAPLES. — VOYAGE A LONDRES ET A
VIENNE. — LETTRES INÉDITES DE MIDHAT.

De Paris, nous rentrâmes à Naples. Nous prîmes un appartement au « Chiatamone ». Le golfe de Naples rappelait à l'exilé le Bosphore... Midhat aimait à voir la mer battre le quai à quelques mètres de nos fenêtres...

Nous ne nous occupions qu'à discourir sur la guerre.

— Quoi, disait-il, dois-je rester inerte quand mon pays soutient une terrible lutte !... Mais comment puis-je donner ma vie à la Turquie ?

Un soir, — nous étions à table — une dépêche de l'Agence télégraphique Stefani nous apprit que les Russes avaient conquis Plevna, malgré l'héroïque défense dirigée par Osman-Pacha.

La douleur de Midhat fut indescriptible. Il porta les mains à ses yeux. De grosses larmes coulaient entre ses doigts. Des sanglots violents sortaient de sa bouche contractée.

Puis, l'énergie revint. Il se tourna vers moi.

— Mon enfant, nous sommes perdus ! Il

m'est impossible d'assister plus longtemps à l'écrasement de mon pays ! Il me faut tenter n'importe quoi, mais agir !... Partons, à l'instant même, pour Londres !... Je veux expliquer aux hommes d'Etat de l'Angleterre ma manière de voir !... J'ai beaucoup d'espoir en l'homme qui dirige aujourd'hui la politique anglaise, en Lord Beaconsfield !... Allons donc ensemble à Londres ! Le reste du personnel nous y rejoindra !...

Trois quarts d'heure après, nous roulions en chemin de fer... Nous descendîmes, à Londres, à l'hôtel « Black Friars Bridge ».

Le Pacha courut chez tous les ministres. Il y reçut l'accueil le plus bienveillant. Il fut fêté par les lords et acclamé par le peuple.

Trois jours après notre arrivée à Londres, il eut une longue entrevue avec Lord Beaconsfield, auquel il expliqua des plans, des vues, des espérances !

Le *premier* anglais répondit :

— Pacha, vos idées me semblent justes et faciles à exécuter ! Je les partage complètement. Je vous donne l'assurance la plus formelle que, si vous pouvez décider S. Exc. le comte Andrassy, ministre président d'Autriche, à entrer dans la combinaison que vous proposez, l'Angleterre soutiendra votre manière de voir et interviendra auprès du gouvernement de la Russie.

Midhat n'hésita pas à partir, à l'instant même, pour Vienne. Le voyage se fit sans arrêt.

Une heure après notre arrivée à Vienne, S. Exc. le comte Andrassy recevait la lettre de Midhat demandant une audience.

Nous nous empressâmes d'aller à l'ambassade ottomane où l'on avait reçu, de Constantinople, l'ordre de mettre à notre disposition le chiffre diplomatique. Nous télégraphiâmes à S. M. I. le Sultan.

Dès la seconde entrevue avec le comte Andrassy, — le comte, dans la première, avait écouté et demandé à réfléchir — Midhat avait convaincu Andrassy de s'unir, dans une même politique, avec le Royaume-Uni. Je puis l'affirmer sans crainte de démenti.

On télégraphia à Londres.

Le surlendemain de la seconde entrevue, le comte Andrassy rendit, à l'hôtel Métropole, où logeait Midhat, visite au Pacha.

Après une heure de pourparlers, seul à seul, Andrassy sortit, et Midhat m'appela. Midhat était radieux.

— Dieu soit loué, mon enfant ! Ma combinaison marche à souhait !... Seulement, il nous faut encore télégraphier à Constantinople, afin

que nous puissions traiter avec les pouvoirs
nécessaires. Le comte Andrassy a envoyé une
dépêche à Londres pour communiquer, à son
ambassadeur, l'adhésion de l'Autriche à notre
plan. L'ambassadeur préviendra Lord Beacons-
fleld... Le dernier mot d'Andrassy a été :
« Veuillez vous faire accréditer immédiatement près de S. M. l'Empereur, mon Maître,
pour que nous puissions signer l'instrument. »

Je ne fis qu'un bond pour arriver à l'ambassade ottomane. Je priai l'ambassadeur de
venir, au plus vite, trouver S. A. Midhat, qui
avait une urgente communication à lui faire.

L'ambassadeur vint. On rédigea le télégramme. Midhat voulut qu'on ajoutât, en
ultime phrase : « Si Sa Majesté Impériale n'a
pas la confiance voulue pour charger d'une
pareille mission Midhat, qu'Elle confie les pouvoirs à Son ambassadeur avec charge de traiter
d'après les indications dudit Midhat. »

Nous attendîmes vainement, pendant trois
jours, la réponse de Constantinople... Et, cependant, nous faisions instance sur instance
au moyen de continuels télégrammes au Sultan !...

Midhat, indigné, quitta Vienne et regagna
Naples.

Sur qui doit retomber la responsabilité de la

rupture d'une négociation qui aurait, sans doute, évité bien des ruines, bien des désastres ? Cette négociation, hélas ! pouvait sauver l'Empire ottoman ! Ce mutisme impardonnable ne fut-il pas la cause de la perte de la majeure partie des provinces européennes de notre État ? L'Angleterre et l'Autriche-Hongrie ne demandaient qu'à éviter le démembrement de la Turquie ! Pourquoi ne les a-t-on pas écoutées ?

En tout cas, Midhat, on l'avouera, se montra, dans cette occurrence, généreux et patriote ! La faute de l'échec ne lui est pas imputable !

Arrivé à Naples, Midhat écrivit, à un des personnages les plus marquants de la Turquie, la lettre que voici :

« Dans mon voyage à Londres et à Vienne, j'ai tenu une courte correspondance avec le Palais. Elle a donné lieu à bien des commentaires. Je ne m'étonne pas que vous ayez été très intrigué par ma conduite.

Depuis que je suis en Europe, je me suis abstenu de toute démarche qui pût ressembler à une tentative faite dans l'intention d'obtenir mon retour à Constantinople. Expulsé de mon pays, sans qu'aucune accusation ait été produite contre moi, je me suis résigné sans récriminations. J'oserais dire sans regret, si l'œuvre que j'avais commencée n'eût subi le contre-coup néfaste ; si je ne voyais pas mon pays dans des circonstances cruelles !

J'ai tout oublié, de mon mieux — injustice et

calomnie — jusqu'au jour de la déclaration de guerre. Ce jour-là, je suis parti pour Londres où j'ai vu les ministres anglais, toujours animés des meilleurs sentiments en face de la Turquie, mais hésitants, par suite, à mon avis, de l'attitude imprécise de l'Allemagne.

J'ai recueilli, en Angleterre, de nombreuses preuves de la sympathie britannique en face de mon pays. Les événements, sur le théâtre de la guerre, n'avaient pas encore tourné contre nous !

Tout d'un coup, les Russes ont passé le Danube, franchi les Balkans, marché sur Andrinople ! Un pas de plus et Constantinople était envahie !... L'existence de l'Empire devenait précaire !

Les succès des Russes me consternaient ! Je ne pouvais comprendre l'inertie de nos concitoyens !... Pouvais-je, dans ce moment terrible, rester simple spectateur, qu'on pouvait taxer d'indifférence ?

J'ai mis de côté les questions d'amour-propre, de dignité, de convenance personnelle. J'ai télégraphié au Palais, afin de me mettre entièrement à la disposition de Sa Majesté Impériale. Mes offres de service n'ont pas été agréées. Après avoir presque souri, au début, à ma démarche, on m'a laissé bientôt sans réponse !

J'ai la satisfaction d'avoir accompli mon devoir !

Aujourd'hui, la situation s'est modifiée. Nous sommes plus menaçants que menacés. En aucun cas, les Russes ne pourront conquérir facilement Constantinople.

Dans ces conditions, je puis rentrer dans l'inaction, sans que la moindre parcelle de mon patriotisme soit diminuée aux yeux du monde et à mes propres yeux. Je vais attendre, car je ne puis faire autrement. J'espère que les Russes repasseront le Danube !

En aucun cas, je n'augmenterai, en élevant des questions qui me soient personnelles, les difficultés actuelles.

Il faut, aujourd'hui, que le zèle, l'énergie de n'importe quel Ottoman, depuis le Sultan jusqu'au plus humble de nos concitoyens, ne puissent — fût-ce un seul instant ! — être détournés des nécessités imposées par la défense nationale !

Ceux qui ont machiné l'événement du 5 février dernier, et qui gouvernent en ce moment, se sentiraient troublés par ma présence à Constantinople. J'aime croire qu'ils font leur possible pour sauver le pays ! Il me serait trop douloureux de penser qu'ils ne font pas ce qu'ils doivent et que des fautes sont commises par eux !... En effet, dans les moments difficiles, la moindre négligence peut amener des conséquences graves. Je le répète, je veux croire que les ministres font entièrement leur devoir, et je ne veux pas être, près d'eux, au préjudice de mon pays, un sujet de gêne !

Je ne nourris de sentiments d'inimitié contre personne.

Je n'entreprendrai jamais rien contre les hommes qui, par simple jalousie, sont devenus mes ennemis.

J'ai le bonheur, dans mon exil, de savoir que j'ai contribué à créer l'élan de patriotisme qui, aujourd'hui, motive l'admiration du monde, de cet élan qui a empêché les défaillances, l'éclosion des ambitions inavouables, les calculs bas et lâches, de produire leurs effets déprimants.

Mon crime, c'est le bien que j'ai fait.

Lorsque le moment de discuter la paix sera venu, je dirai ma pensée tout entière, au sujet de la paix et des négociations à suivre pour que cette paix soit bonne.

Je viens de lire, dans les journaux, qu'on a expulsé du lycée des élèves bulgares. Pourquoi fournir ainsi la preuve évidente que nous frappons des innocents ? En retirant officiellement toute bienveillance à des familles bulgares, en les déclarant indignes de la protection du gouvernement ottoman, n'encourageons-nous pas les tendances à la séparation de la Bulgarie et de l'Empire ?

Des particuliers peuvent être excités par la haine, par le désir de vengeance, de représailles ! Un gouvernement ne doit pas connaître de tels sentiments !

MIDHAT.

Paris, le 4 septembre 1877.

Ce ne fut pas la seule lettre que Midhat expédia à Constantinople, à l'adresse de quelque ami haut placé. En voici une seconde :

Ces documents sont inédits, par cela même intéressent. Ils prouvent, au reste, la loyauté de Midhat et son ardent amour pour la patrie.

Naples, le 19 novembre 1877.

Cher ami,

J'ai lu avec grande attention la lettre que vous m'avez envoyée et qui ne m'a été remise que la semaine passée. Grâce à vos complets renseignements, les nouvelles, transmises par les agences et les journaux d'Europe, deviennent précises et complètement claires.

Relativement à vos sentiments de tristesse devant

le spectacle de notre situation critique et de nos
désastres, je ne puis qu'en reconnaître la justesse.

Votre position élevée vous a, sans aucun doute,
mis à même de remplir les devoirs incombant à
votre charge ; et je sais que vous avez travaillé avec
zèle et patriotisme. Si le résultat de vos efforts n'est
pas celui que vous espériez, vous avez au cœur la
consolation d'avoir fait le possible pour contribuer
au bien du pays et de la nation.

Hélas ! je suis dans une situation qui me prive
d'un semblable réconfort. Je suis doublement
malheureux : d'abord parce que la Patrie souffre ;
ensuite parce que je ne puis rien pour elle.

Il y a quatre mois — vous ne l'ignorez pas —
lorsque les Russes, après avoir traversé le Danube
et les Balkans, s'avançaient vers Andrinople, au
moment où les rapides succès de l'ennemi plon-
geaient l'Empire dans la consternation, j'eus l'occasion de m'entretenir avec divers hommes d'Etat,
dont les dispositions étaient nettement favorables à
la Turquie. Poussé par mon amour pour mon pays,
je tentai démarches sur démarches à Londres et à
Vienne ; j'adressai divers télégrammes à Sa Majesté
Impériale. Ces télégrammes restèrent sans réponse.

Désespéré, malade — mes douleurs rhumatisma-
les s'étaient aggravées — je pris le parti de me fixer
à Naples et d'y vivre dans l'isolement absolu.

Mais que sont mes souffrances physiques près de
mes douleurs morales !

Je pense, sans cesse, sans répit, à mon pauvre
pays !... Je vois se dérouler, devant mes yeux, des
scènes pleines d'horreur !... Ce sont les populations
de la Roumélie, privées de foyer, de famille, de
ressources, pressant leur fuite éperdue !...Des hommes qui, l'année dernière, nageaient dans la prospé-

rité, je les vois mendier !... Puis ce sont les batailles, les défaites, la prise de Kars, l'attaque d'Erzeroum, l'investissement de Plevna !

Mon ami — croyez-le ! — je pleure comme un enfant.

Evidemment, la position de l'empire est plus mauvaise que celle d'il y a quatre mois. Mais puis-je prendre l'attitude que j'ai prise il y a quatre mois ? Et comment ?

Réfléchissons à cela.

Dès le début des événements, la politique gouvernementale du « Palais » se complut à ne pas chercher l'aide, l'appui, la sympathie de l'Europe. On voulut rester isolés ! On voulut que toute résolution fût prise à Constantinople, à Constantinople seulement ! Il en est résulté que ceux à qui sont confiées les destinées de l'Empire ont sur le dos, le poids entier des responsabilités. Ce sont eux, d'autre part, — eux seuls ! — à qui incombe le devoir de prendre les mesures aptes à sauvegarder nos intérêts moraux et matériels.

On me dit que les populations sont dans un si grand désespoir qu'elles désirent la paix à tout prix. Malheur à nous si le découragement gagne ceux qui gouvernent !

Certes, toute guerre, comme aboutissement, conduit à la paix ! Mais il y a guerre et guerre ! Le conflit armé présent est plus terrible qu'aucun autre ! Notre ennemi, évidemment, désire l'anéantissement de l'Empire ottoman et, peut-être, l'extermination de notre race !

A diverses reprises, depuis le commencement des hostilités, des occasions, à nous favorables, se sont offertes pour mettre honorablement fin à la guerre, c'est-à-dire de terminer le conflit au moyen de sacrifices relativement moindres. Nous n'avons pas su, pas voulu profiter de ces occasions ! Aujourd'hui, la position de l'ennemi est meilleure que la nôtre !... Nous comprenons qu'il faudra lui donner de lourdes compensations ; et, toutefois, nous affectons d'éloigner nos amis, ceux qui nous ont, à maintes reprises, donné des témoignages de sympathie, ceux qui pourraient nous en donner encore !

Conclure la paix dans ces conditions, c'est, à mon avis, se précipiter dans un abîme, dont nous ne pourrions sortir.

Il est vrai que la Providence guide les événements. Mais cela veut-il dire qu'il faut la laisser agir, en renonçant à tout effort, au devoir, au patriotisme ?

Il est incontestable que l'Europe, envers nous, s'est conduite comme elle n'aurait pas dû le faire. L'Europe, qui se vante de porter la civilisation jusque dans les contrées les plus éloignées du globe ; l'Europe qui se targue de travailler au bien de l'*humanité*, n'a pas trouvé un mot à dire avec l'intention de nous être secourable et de flétrir l'injuste agression de la Russie. Elle a froidement assisté au massacre de nos femmes, de nos enfants, de nos vieillards ! Et, pourtant, il ne fallait pas conclure que nous dussions nous passer d'elle ! Il fallait s'efforcer, au contraire, de s'entendre avec elle !

Le gouvernement ottoman avait trois gros atouts dans son jeu — comme on dit familièrement — atouts dont on devait tirer profit. L'a-t-on fait ?

Le premier atout fut fourni par l'avortement de la conférence des puissances, conférence qui, sans doute, tendait à détruire, sans conflit, notre Empire, et qui se sépara sans rien résoudre. La Turquie se montra hautaine. Eut-elle raison ? La Turquie rejeta dédaigneusement le protocole de Londres.

Or ce protocole, malgré tout, n'offrait rien de sinistre pour l'intégrité de l'Empire ottoman ! Un peu de bonne volonté de notre part, et ce protocole eût été souscrit sans mots offensants, à l'adresse de notre pays.

Une grande nation, redoutable et victorieuse, se fût mise dans son tort, en traitant ainsi que la Turquie traita cette négociation capitale. Il eût été bon de chercher, avec les diplomates siégeant à la conférence, des bases d'entente. On ameuta les puissances contre nous !

On m'objectera, avec quelque raison, que notre acceptation éventuelle des résolutions prévues de la conférence n'eût pas empêché les Russes de nous chercher noise ultérieurement. Les Russes se seraient basés sur les plus futiles prétextes pour nous lancer la déclaration de guerre.

Mais, au pis aller, on pouvait retarder une déclaration de guerre. Or, en retardant le conflit, n'aurions-nous pas agi avec prudence ? N'aurions-nous rien gagné, en gagnant du temps ? Notre Constitution évoluant bien, les réformes promulguées, ne nous serions-nous pas trouvés plus à l'aise devant la censure de certaines puissances, censure relative aux abus gouvernementaux commis dans l'Empire ? Ne pouvions-nous espérer bénéficier, de la part de l'Europe, d'un acte de confiance en nous ? Devions-nous accepter, avec légèreté, d'être sans alliés ?

Non ! C'est, dès lors, par un défaut de tact, par un manque de souplesse diplomatique, que nous avons compromis les avantages offerts par notre premier atout !

La seconde carte maîtresse, dans nos mains, fut la satisfaction avec laquelle la Constitution fut accueillie par les populations ottomanes. Au fond, ce que l'Europe nous demandait, c'était d'abolir certains abus. Nous les avions, en grande partie, abolis. C'était de rapprocher, dans une même affection, en face du pays, les diverses races ottomanes. Tout *notre effort était dirigé vers ce but* ! Nos populations le savaient ; elles se *soudaient*. Ne pouvait-on hâter cette fusion qui eût permis de réunir des armées plus fortes, en vertu de la participation des chrétiens aux devoirs imposés par la conscription ? L'ennemi fomentait la désunion de nos peuples ! Etait-il donc bon de seconder les menées de l'ennemi ? Devant une Turquie compacte, l'ennemi aurait réfléchi deux fois avant de nous envahir. Déjà l'Europe nous regardait avec intérêt ! Et nous agissions de façon à faire croire, à l'étranger, que nos réformes étaient précaires ! Les lois votées par la Chambre des délégués, ne furent pas promulguées ! On se cachait à peine pour dire que la Charte n'était pas née viable ; et, cependant, cette constitution avait été promulguée par Sa Majesté Impériale.

Il était utile de donner la majeure force possible à la Charte ! Et on amoindrit ses effets ! La Charte ne fut qu'une seconde édition du Hatti-Houmayoum, promulgué et tombé en désuétude rapidement. Les populations, déçues, se montrèrent indifférentes, dès lors, aux malheurs de l'Empire !

Le troisième atout était offert par la valeur admirable de notre armée. La presse européenne entière, les hommes d'Etat étrangers ne tarissaient pas en louanges relatives au courage, à l'énergie, à la résistance, à l'endurance de nos troupes. Etait-ce un pays dégénéré, placé bien bas, celui qui recrute des soldats comme les nôtres ?

Mais quoi ! A peine le succès fut-il proche, ou même atteint, par suite de l'héroïsme de notre armée, que des fautes gouvernementales mirent à néant nos moyens de résistance !

L'histoire de chaque nation renferme des pages où sont inscrits des désastres. Mais, quand un peuple ne se laisse pas décourager, il vient un moment où ce peuple reprend sa place élevée ! Les nations qui périssent ne sont pas celles qui subissent des échecs, mais celles que le découragement vient énerver !

Que les musulmans et les chrétiens méditent sur ce que je dis ! Qu'ils s'unissent fraternellement pour la gloire du pays ! Qu'ils regardent l'avenir réparateur qui couronne infailliblement la ténacité et le dévouement !

Midhat.

Le lecteur va peut-être me dire :

— Quel fut le plan exposé par Midhat à Londres et à Vienne ?

— Ami lecteur, c'était très simple. Je ne saurais, toutefois, le divulguer sans l'autorisation de Londres et de Vienne. Or, cette autorisation, je ne la possède pas !

CHAPITRE VIII

M. GLADSTONE A L' « HAWARDEN NATIONAL SCHOOL ROOM ». — LA « WATERLOO AND SONS ». — AALY-SUAVI-EFFENDI. — LA FLOTTE ANGLAISE A BÉSIKA. — LE TRAITÉ DE SAN-STEFANO. — UN LIVRE DE MIDHAT.

L'homme le plus acharné contre l'Empire ottoman, l'homme qui a fait tout son possible pour ameuter contre la Turquie les puissances d'Europe, fut Gladstone.

Il dénigrait aigrement ce qui venait d'Orient : hommes et choses. La position si haute, occupée par Midhat-Pacha dans notre pays et en Europe, la considération dont jouissait Midhat, l'affection des concitoyens de Midhat envers ce grand vizir, tout cela fit que Gladstone visa particulièrement Midhat.

Dans un discours prononcé à l' « Hawarden National School Room » et qui fut reproduit par le *Daily Telegraph*, Gladstone blâma violemment la conduite de Midhat et lui imputa des crimes dont celui-ci était absolument innocent.

Midhat répondit :

Monsieur le Directeur du *Daily Telegraph.*

En me faisant traduire le numéro de votre journal daté du 19 novembre, mon attention a été attirée par le discours que M. Gladstone a prononcé à l' « Hawarden National School Room », discours où mon nom est prononcé.

Je tiens à rester dans l'ombre, à éviter la polémique. Toutefois, je ne saurais, dans la présente occasion, me résigner à garder le silence. Je me permets donc de vous adresser la lettre que voici, lettre qui, j'espère, sera publiée, par vos soins, dans votre estimable feuille.

M. Gladstone est un orateur de premier ordre ; il est justement célèbre. Mais qu'ont fait les Ottomans et leur gouvernement pour encourir sa haine, pour que M. Gladstone lance des accusations blessantes en face des hommes d'Etat de la Turquie ? Qu'ai-je commis de mal pour qu'il me prenne à partie ?

M. Gladstone a lu, devant un public nombreux, certaine anecdote trouvée dans le récit de voyage publié par M. Moore. Rééditer cette anecdote, que M. Moore aurait tenue d'un officier turc, *après dîner,* c'est vouloir jeter le plus grand discrédit sur ma personne, c'est vouloir propager des calomnies ridicules ; c'est un acte indigne de M. Gladstone !

M. Gladstone aurait dû réfléchir que des historiettes, recueillies dans des publications quelconques, ne peuvent être reproduites qu'après examen sérieux, surtout lorsqu'elles entachent l'honneur d'un homme.

M. Gladstone ne s'est pas livré à cet examen.

Est-ce en vue de me dénigrer devant le public anglais ?

Un individu aurait été chargé de m'assassiner ; il aurait été pris ; il aurait été payé, par moi, afin que je lui donnasse mandat d'attenter à la vie de ceux qui voulaient me tuer ; ceux-ci morts, j'aurais fait arrêter ledit individu, et il aurait été pendu, sans autre forme de procès, sur mes ordres.

Des faits de ce genre — dites-moi — pouvaient-ils passer inaperçus dans une ville comme Roustchouk, où séjournent dix consuls des puissances étrangères ? Comment le consul général de Russie et ses agents, devant un pareil crime, se sont-ils tus ? C'est après dix années que M. Moore édite la chose ! Personne, avant M. Moore, n'avait entendu parler de cela ?

Il est triste, je le répète, de voir un homme aussi remarquable que M. Gladstone se laisser aveugler par la passion, au point de chercher à tâtons les plus misérables moyens de vilipender mon pays. S'il veut poursuivre ses attaques, qu'il choisisse un meilleur terrain que le terrain où l'on incrimine, sans preuve, d'après des racontars, les personnes honorables.

Je m'empresse de rectifier le fait cité par M. Gladstone.

En 1867, lors de mon séjour à Roustchouk, où j'étais gouverneur général, le nommé Iovan, d'origine serbe, habitant Keuperu-Palanka, fut, il est vrai, chargé de m'assassiner. On l'arrêta. Il avoua, convaincu de crime au moyen des papiers qu'il possédait. Je crus bon de ne pas le faire juger à Roustchouk. Je le fis conduire à Constantinople. Le tribunal le condamna à l'exil perpétuel, qu'il subit à Diarbékir.

On peut s'informer auprès d'Ismael-Hakki-Pacha, alors gouverneur de Diarbékir, aujourd'hui commandant en chef d'un corps d'armée.

En 1873, l'agent de la Serbie à Constantinople demanda la grâce de Iovan. Or comment un individu, pendu en 1867, a-t-il pu, en 1873, implorer la clémence du souverain ?

Agréez, Monsieur, etc.

MIDHAT.

Il faut rendre justice à M. Gladstone. Il s'empressa d'écrire à M. Moore pour lui demander quelle valeur avait l'historiette. M. Moore répondit : « J'ai répété ce qui m'a été conté ; je ne puis certifier la bonne foi de l'officier narrateur, ni l'authenticité du fait. »

M. Gladstone n'hésita pas à faire amende honorable. Il déclara regretter d'avoir agi avec légèreté.

Cependant les Russes s'avançaient à marches forcées vers Constantinople. Midhat, profondément angoissé, venait de tomber malade. J'eus l'idée, en vue de le distraire, de lui proposer de voyager. Je n'eus pas le temps d'exprimer ma pensée... Il m'interrompit vivement:

— Mon fils, il m'est impossible de rester à Naples, plus longtemps !... Il faut que nous partions pour Londres, où ma présence sera, j'espère, utile ! Je dois exposer, au cabinet anglais, les terribles souffrances que subissent mes concitoyens !... Je ne puis assister de sang-froid au spectacle déchirant des malheurs de mes compatriotes !

En effet, le lendemain, nous partîmes pour Londres, où nous prîmes en location une maison située à Forchester-Terrace.

Le 19 janvier, Midhat écrivit au *Morning Post* :

D'après les dernières nouvelles, l'état des fugitifs et immigrés, à Constantinople, est des plus dignes de compassion.

Effrayées par suite des massacres commis par l'ennemi, les populations musulmanes de plus de soixante arrondissements se sont déversées dans la capitale ottomane et les environs de celle-ci. Ces fugitifs ne savent où trouver un abri, et, en pleine campagne, s'établissent sur un sol couvert de neige.

Une dépêche nous apprend qu'à peu près 50,000 êtres humains — femmes, enfants, vieillards — se sont groupés, sans ressources, sans abri, sur la voie du chemin de fer d'Andrinople à Constantinople. La plupart de ces malheureux sont malades et agonisent dans la boue.

Je cite un exemple lamentable.

Les fugitifs de Nisch-el-Pirot sont arrivés, après des souffrances indescriptibles, à Bazardgik, avec l'intention de prendre le train, où on ne put les recevoir. Quatre-vingts familles des plus notables — femmes, enfants, vieillards — allèrent s'étendre sur les rails et demandèrent qu'on les fît mourir *par charité* !

La nation anglaise, amie du peuple turc, qui lui

est reconnaissant, a, il est vrai, prodigué les secours envers nos blessés, dès le début de la guerre. Et, cependant, j'ose lui demander de nouveaux secours !

Devant le lamentable spectacle, offert par nos fugitifs, je pense que les sentiments humanitaires de la noble nation anglaise, ceux du monde entier, ceux même de l'ennemi, ne tarderont pas à s'émouvoir.

Quelle charité plus méritoire que celle qui atténue les souffrances d'exilés — femmes, enfants, vieillards — qui meurent dans le désespoir !

MIDHAT.

Cette lettre produisit grand effet. Dans l'espace de dix jours, nous reçûmes des quantités de lettres renfermant des offrandes. On trouvait, dans ces missives, le chèque de 50 livres sterling, envoyé par le grand seigneur, et le timbre-poste de 10 pence offert par l'humble ouvrier !

La somme, ainsi réunie, monta à 1,000 livres sterling à peu près. Nous l'expédiâmes à Constantinople, et elle fut versée dans la caisse du « Comité de secours ».

Le 28 janvier, Midhat écrivit encore au *Morning Post* :

Pour faire suite à ma lettre du 19 courant, je m'empresse de vous faire tenir la liste des généreux donateurs qui se sont empressés de me faire parvenir des offrandes.

J'attire l'attention de vos nombreux lecteurs sur

un avis que j'ai fait insérer dans le *Journal des Débats* et que voici :

« Un comité international de secours s'est formé « (à Constantinople) en dehors de ceux qui existent « déjà. »

« On est navré en constatant la détresse des fugi-« tifs !... Les ressources locales sont épuisées ! « Dans ces conditions, je dois m'adresser à votre « généreuse nation pour qu'elle redouble son œuvre « humanitaire envers nos proscrits. »

« Les contributions peuvent m'être adressées « directement. Elles seront des œuvres de charité « méritoire et attireront, sur les donateurs, les « bénédictions du peuple ottoman ! »

Ce second appel produisit également de bons résultats. Mais Midhat, accablé de travail, ne put suivre par lui-même la comptabilité des souscriptions. Il fit savoir que ces souscriptions, à l'avenir, devraient être directement versées aux comités spéciaux.

En effet, Midhat s'occupait de rédiger des notes qu'il remettait dans de fréquentes entrevues à Lord Beaconsfield. Je sais, à n'en pouvoir douter, que ces notes furent attentivement étudiées par le gouvernement britannique, et, à la fin, décidèrent l'Angleterre à intervenir en faveur de la Turquie.

La Société des « Waterloo and Sons » invita S. A. Midhat-Pacha à venir visiter leur énorme fabrique. Les directeurs reçurent Midhat en lisant l'adresse suivante, qui fut couverte d'applaudissements passionnés :

Nous, directeurs, officiers, employés et ouvriers de la « Waterloo and Sons, limited » prions Votre Altesse d'agréer l'expression de notre profonde estime. Le nom de Midhat-Pacha évoque la chaleureuse sympathie de tout Anglais. Ce nom passera à la postérité, parce qu'il est celui de l'homme le plus illustre parmi les hommes d'Etat de l'empire ottoman contemporain : le nom du fondateur de la Constitution turque.

L'honneur que Votre Altesse a bien voulu nous faire en acceptant de visiter notre établissement, restera grand dans le cœur de chacun de nous !

Nous espérons vivement que la crise, qui sévit présentement sur l'empire ottoman, sera brève, et que bientôt cet empire, sous vos auspices, retrouvera son antique splendeur !

Midhat répondit :

« Messieurs les directeurs, inspecteurs, employés et ouvriers.

« Je suis flatté de l'accueil cordial que vous m'avez réservé. Je suis heureux de la sympathie sincère que vous témoignez en faveur de la nation ottomane. »

« Pour ce qui est des éloges, que vous adressez à ma personne, ils me touchent vivement, et je vous en remercie !... Ils me touchent d'autant plus qu'ils viennent de braves gens, d'honnêtes travailleurs dont aucune idée tendancieuse ne trouble la sincérité et la loyauté ! Ce que vous dites, à l'égard de mon pays, est une consolation dans mon isolement !... Je fais des vœux pour la continuation de la prospérité du magnifique établissement dont je félicite le fondateur ! »

Si le récit de l'accueil, fait à Midhat par la « Waterloo and Sons », se trouve ici, c'est que j'ai désiré prouver, à l'aide de faits, combien Midhat devint populaire en Angleterre.

Chaque jour, des manifestations passaient sous ses fenêtres ; on criait : « Vive Midhat, homme libéral ! »

Aristocratie, bourgeoisie, peuple, tous choyaient Midhat.

Certain soir, après un dîner chez le duc de Sutherland, un des convives, S. A. R. le prince de Galles — qui n'avait cessé pendant le repas de témoigner les égards les plus marqués à Midhat — nous proposa d'aller à Saint-James Hall, écouter la conférence que devait tenir le grand voyageur Stanley. Toutes les personnes présentes voulurent suivre Son Altesse Royale.

Le premier à entrer dans la salle de conférence fut le prince de Galles. Les spectateurs, debout, applaudirent chaleureusement ; le second fut S. A. I. l'archiduc Rodolphe, prince héritier de la couronne d'Autriche ; les applaudissements continuèrent ; le troisième S. A. I. le prince Napoléon, également applaudi.

Midhat se présenta !... L'ovation fut enthousiaste ! On n'avait rien crié quand on avait vu entrer les princes nommés plus haut. Dès qu'on vit Midhat, ce fut un ouragan d'acclamations : « Vive Midhat-Pacha, le Turc libéral ! »

Et, quand le prince de Galles se leva et vint serrer la main de Midhat, je crus que la salle allait crouler !

La conférence terminée, le prince de Galles s'approcha de Midhat :

— Eh bien, Pacha, ce qu'a dit Stanley vous a-t-il intéressé ?

— Oui, Altesse Royale, et d'autant plus que M. Stanley, au moment présent où les Ottomans sont chassés de leur pays, a la bonté de leur indiquer où ils pourront aller !...

En juin 1878, les yeux de Midhat tombèrent sur le journal *La France.* Il était nommé dans un article, à propos d'Aly-Suavi-Effendi, article auquel il répondit séance tenante :

Monsieur le Rédacteur,

Dans votre journal de ce matin, à la suite de télégrammes parvenus de Constantinople, je lis quelques détails relatifs au complot, qui, le 20 mai dernier, a été organisé contre S. M. I. le Sultan. Or, dans ces informations, vous affirmez qu'Aaly-Suavi-

Effendi fut un de mes plus chauds partisans. C'est là une erreur complète : Suavi-Effendi, au su de tout le monde, et jusqu'au moment de sa mort, a été un de mes plus cruels ennemis.

Pour se soustraire au châtiment qui, sous le grand-vizirat de feu Aaly-Pacha, l'attendait à Constantinople, Aaly-Suavi s'enfuit et se réfugia en Europe... Grâce aux bons offices de Damat-Mahmoud-Pacha, dont les sentiments d'hostilité à mon égard sont bien connus, Aaly-Suavi revint à Constantinople, où il s'enrôla parmi les détracteurs du système libéral.

Aaly-Suavi est un de ceux qui contribuèrent le plus à mon éloignement et, dès que je fus banni, il ne cessa de m'injurier dans ses articles. C'est ainsi qu'il gagna l'amitié de mes ennemis.

Le jour même où je dus quitter le territoire ottoman, Aaly-Suavi adressa, à ses amis à Paris, un télégramme que les journaux de Constantinople ont reproduit :

Ce télégramme le voici :

« L'Empire est enfin sauvé ! Midhat a été chassé
« hors du pays ! L'égalité est complète ! L'article 113
« de la Constitution ottomane a été appliqué à l'or-
« gueilleux grand vizir ! Le châtiment qu'on réser-
« vait, autrefois, à des malheureux, frappe Midhat-
« Pacha ! Publiez dans les journaux, que l'égalité
« est complète !

« AALY-SUAVI. »

Une pareille dépêche peut-elle être l'œuvre d'un ami ?

L'auteur des informations, publiées par votre

journal, a, sans doute, été induit en erreur, sur le fait d'Aaly-Suavi, par un de mes détracteurs.

Jamais il n'y eut rien de commun entre moi et ce forcené, qui, comblé de bienfaits par le Sultan, s'est rendu coupable d'un attentat envers Sa Majesté Impériale.

Recevez, etc...

Midhat.

Je pourrais indiquer bien d'autres machinations odieuses dirigées contre Midhat, par ses ennemis. A quoi bon ? Elles ne changèrent rien à l'estime publique qui entourait Midhat, estime qui croissait chaque jour....

Cependant Midhat, très préoccupé par la tournure que prenait la guerre, multipliait ses efforts, à Londres, surtout auprès de lord Beaconsfield. Celui-ci ordonna à la flotte anglaise de se rendre dans la baie de Bésika ; de forcer, au cas où la Turquie ferait opposition, l'entrée des Dardanelles, et de prendre, au nom de l'Angleterre, une attitude « décisive ».

C'est à ce pas du gouvernement britannique qu'est dû l'arrêt de la marche des Russes sur Constantinople ; et ce pas fut provoqué par Midhat !

Cependant, tout allait fort mal !...

Lorsque Midhat apprit que la Russie avait négocié un traité, signé le 3 mars 1878, avec la

8

Turquie, sans invitation préalable à l'Europe d'intervenir dans la discussion des articles de paix, il eut des moments de désespoir. Je crus qu'il allait devenir fou. Il murmurait : « Nous sommes perdus ! Le gouvernement turc veut donc vendre la patrie ! »... Mais l'énergie de Midhat reprit le dessus ; et, jour et nuit, il se mit à écrire, à aller, à venir, avec une activité sans pareille !... Il parlait, et son éloquence était convaincante ! Il écrivait, et sa logique était serrée !

Les événements firent bientôt comprendre combien Midhat voyait juste. Le traité de San-Stefano fut jeté au panier ; et le Congrès de Berlin vint régler, avec l'accord des puissances, la situation de la Turquie.

Qui oserait dire que l'activité de Midhat fut étrangère à ce dénouement !

Bien avant la réunion du Congrès, Midhat écrivit un mémoire intitulé : *La Turquie, son passé, son avenir.* — Dentu, éditeur, 1878.

La presse européenne, avec le plus grand intérêt, s'occupa de cette publication, dont nous demandons au lecteur de transcrire quelques fragments.

Ceux qui attendaient avec anxiété une solution de la question d'Orient conforme à l'intérêt européen ont été déçus. Ils doivent, aujourd'hui, en présence de complications nouvelles, chercher à connaître les motifs de leur désillusion.

Ces motifs se trouvent dans les renseignements contradictoires, ou imprécis, qui ont été donnés, en diverses circonstances, sur l'histoire, la situation topographique, l'ethnographie, les mœurs, les aspirations des différents peuples, qui composent l'Empire ottoman. Ces populations, selon les races, ont, au triple point de vue politique, religieux et social, des tendances diverses. Chaque race, interrogée, fournit, dès lors, des renseignements n'ayant point ou peu de corrélation avec ceux donnés par la race voisine... Il est facile à comprendre que des peuples, dont les intérêts ne s'harmonisent guère et qui vivent au milieu de passions locales, exposent ce qu'ils pensent sous la forme profitable à leur cause.

De plus, parmi les écrivains, qui ont parlé de la Turquie, la majeure partie n'a pas été en Orient ; et le petit nombre de ceux qui ont visité la Turquie n'y a pas séjourné.

Dans ces conditions, ils n'ont point su se borner à la simple exposition de la vérité, après des études nécessaires.

Pour parler efficacement de l'Orient, il faut le connaître !

Pour juger sur un litige il faut avoir apprécié les faits!

De nombreuses personnalités ont écrit que la Russie s'est imposé le sacrifice d'une grosse guerre, dans le seul but d'améliorer le sort des chrétiens d'Orient.

Etait-ce le véritable but russe ? On peut se le demander puisque ce but ne peut exister.

On a parlé, parmi nos ennemis, de la servitude où languissaient les chrétiens ; du devoir, qui incombait à l'Europe, de délivrer les chrétiens.

Or cette thèse est basée sur une inexactitude absolue.

Les religions, de tout temps, ont joui en Turquie de la protection de l'Etat et de la plénitude de la liberté de conscience.

Les fondateurs de la dynastie ottomane doivent leurs premiers succès à la modération qu'ils ont montrée en face des vaincus et à l'appui qu'ils ont donné à tous les cultes.

Quand le sultan Mahomet II eut conquis Constantinople, il convoqua un grand divan (réception solennelle) auquel il convia le patriarche grec. Il envoya les ministres au-devant du patriarche ; et, quand celui-ci entra dans la salle du divan, Mahomet II se leva, fit dix pas vers le chef spirituel grec, le prit par la main et le conduisit au divan où ce prélat s'assit au côté même de l'empereur. Puis Mahomet offrit au prêtre un bâton de commandement qui, aujourd'hui encore, dans les grandes cérémonies, est porté pompeusement devant le haut dignitaire du culte grec orthodoxe.

Mahomet II s'occupa, avec les plus grands soins, du sort des chrétiens. Il craignait que les tribunaux ne fussent enclins à donner raison aux musulmans, au détriment des chrétiens. Il demanda au patriarche grec de désigner deux ecclésiastiques instruits, qui seraient chargés d'inspecter les tribunaux, de servir d'avocats-conseils aux chrétiens et d'indiquer à ceux-ci la procédure nouvelle. Chaque année, ces inspecteurs devaient remettre au Sultan leur rapport. Et ce rapport a toujours fini par les mots suivants :

« Si les tribunaux que Votre Majesté a institués
« dans les provinces de l'Empire rendent la justice

« aussi bien que ceux qui fonctionnent ici, et si ce
« système continue, Votre Majesté peut être assurée
« que Son puissant et glorieux gouvernement attein-
« dra l'apogée de la splendeur ; que la durée de Son
« règne sera longue ; que la prospérité de Ses sujets
« sera grande. »

Connaît-on, dans l'histoire de n'importe quel peuple, beaucoup de gestes semblables à celui de ce
grand empereur victorieux, qui se lève du trône à
l'entrée d'un prêtre, — et, au quinzième siècle, un
souverain ne se levait jamais du trône ! — de cet
empereur, dis-je, qui montre tant de respect au chef
de la religion étrangère, de la religion des vaincus ;
de cet empereur, dont le premier acte est un acte
de haute protection pour la foi du peuple subjugué ?

La Turquie devint, successivement, l'asile inviolable des Israélites espagnols, des Arméniens, de
nombreuses peuplades cosaques.

Dès la fin du dix-huitième siècle, l'Empire ottoman, épuisé par d'incessantes guerres avec la Russie, l'ennemie héréditaire, tomba en décadence,
malgré les efforts des grands vizirs Rachid, Aaly,
Fuad... Dès ce moment, les chrétiens d'Orient, pro-
fitant du moment, se répandirent en plaintes contre
le gouvernement ottoman. Ces plaintes étaient-elles
justifiées ? Non ! Puisque l'égalité la plus complète
existait entre musulmans et chrétiens, puisque les
chrétiens étaient admis aux fonctions les plus importantes de l'Empire. Ils remplissaient les tribunaux,
les administrations, les charges de l'Etat, et jouis-
saient de prérogatives refusées aux musulmans !
(Les chrétiens n'ont pas le devoir de satisfaire à la
conscription.)

Qui donc a excité les chrétiens à marquer du
mécontentement sans raison plausible ? La Russie !

La Russie semait, sur le territoire entier de l'Empire, parmi les chrétiens, les idées séparatistes et organisait, dans les Balkans, les comités insurrectionnels du panslavisme.

La délivrance des chrétiens n'a donc été, pour la Russie, qu'un prétexte. Le véritable but que la Russie visait fut la diffusion du panslavisme. Le testament de Pierre le Grand n'est pas lettre morte pour les tsars !

Midhat, dans son livre, prouva également que l'octroi d'une Constitution ottomane mettait des bornes à la propagande russe ; puisque tous les sujets turcs se trouvant dotés de droits égaux, de libertés égales, on ne pouvait plus parler d'asservissement des chrétiens.

Dans un autre passage de son livre, Midhat parle de la politique anglaise au début de la guerre turco-russe.

La Turquie n'ignorait pas, à ce moment, les dispositions du gouvernement anglais. Le cabinet britannique avait déclaré nettement ne pas vouloir s'immiscer dans la lutte. Nous savions, toutefois, que les intérêts généraux de l'Europe, que les intérêts particuliers de l'Angleterre obligeraient cette puissance à intervenir tôt ou tard... Cette conviction profonde a été une des causes qui nous ont décidés à accepter la lutte contre la Russie.

Sur ce point, Midhat voyait juste. Malheureusement, la Grande-Bretagne fut longue à se décider.

CHAPITRE IX

LES PROPHÉTIES DE MIDHAT. — ON CONSEILLE A
MIDHAT DE RECOURIR EN GRACE. — DUNROBIN-
CASTLE. — LA DÉPÊCHE DE SA MAJESTÉ IMPÉRIALE.
— SÉJOUR EN CRÈTE.

La réunion du Congrès de Berlin eut lieu.
Midhat suivait les discussions des diplomates
avec assiduité... Le Pacha prédisait ce que chaque plénipotentiaire, trois ou quatre jours plus
tard, devait dire, tant il connaissait l'échiquier
politique et les personnages qui jouaient la
partie...

Les événements lui donnèrent toujours raison quand il s'agissait de diplomatie et souvent
quand il s'agissait d'événements particuliers.

Je me souviens que Midhat, en apprenant la
signature du traité de Berlin — traité qu'il
désapprouvait et qui fut paraphé le 13 juillet
1878 — me dit :

— Mon fils, les ministres turcs, qui ont signé
cet acte, finiront mal à brève échéance. N'ou-
blie pas ce que je te dis !...

Evidemment, c'était une phrase comme on en prononce dans un moment d'irritation ; et, pourtant, ce fut prophétique.

Deux des plénipotentiaires ottomans, Mehmet Aly-Pacha et Sadoullah-Pacha, moururent misérablement. Le premier fut envoyé, en vue de combattre l'insurrection, en Albanie, où il fut assassiné ; le second, ambassadeur à Vienne, mit fin à ses jours au moyen de poison. Le troisième plénipotentiaire, Karathéodori-Pacha, possédait une instruction des plus étendues. Il était habile, jouissait de l'estime des cabinets étrangers. Après avoir été ministre des affaires étrangères, il fut relégué, en qualité de gouverneur général, à Samos, où il mourut oublié et profondément aigri.

Ami lecteur, rappelez-vous ce que vous avez déjà lu dans le présent livre, au sujet de l'établissement de l'Eglise bulgare ! Vous vous souvenez — n'est-ce pas ? — que Midhat s'opposait à cet établissement imposé et préconisé par le grand vizir Aali-Pacha. Toutes les prédictions sinistres que fit à ce sujet Midhat se réalisèrent. La fondation de l'Eglise bulgare fut, on l'a vu, une faute déplorable.

Et quand Midhat, envoyé à bord de l'*Izzedin*, disait à l'envoyé du Sultan : « Fasse le ciel que, le jour de mon retour en Turquie, je ne trouve pas le territoire de l'Empire diminué », n'y eut-il pas, dans de telles paroles, une prophétie ?

Midhat était si perspicace que l'avenir lui cachait bien peu de choses !

Cependant, Midhat recevait, de Constantinople, des lettres où on l'incitait à envoyer au Sultan une demande en grâce, à l'effet d'obtenir la permission de retourner sur le territoire ottoman. A toutes ces missives, Midhat répondit avec hauteur : Non ! Voici la conclusion de la réponse qu'il fit à la plus pressante :

— Qu'il soit, une fois pour toutes, compris que je ne me déciderai jamais à implorer pardon. Pour implorer pardon, il faut avoir commis un acte susceptible de rémission. Ma conscience ne me reproche rien ! Je ne prendrai jamais l'initiative d'une supplique destinée à obtenir mon retour dans mon pays !

Midhat avait compris que les conseils « des amis de Constantinople » étaient suggérés par le « Palais ». En effet, celui-ci voyait, avec dépit, que les plus grands personnages du monde traitaient Midhat avec extrême considération ; que les foules acclamaient Midhat ; que, partout, la presse était favorable à l'ex-grand vizir, dont la popularité grandissait, chaque jour, en Europe et dans l'Empire ottoman.

Sa Majesté Impériale comprenait que le bannissement, loin de flétrir Midhat, avait donné à ce dernier un nouveau prestige... Le plan tracé au « Palais » fut, dès lors, de rappeler Midhat, de le reléguer dans quelque province éloignée, d'obliger Midhat au silence et de *faire l'oubli* sur l'ex-grand vizir, tant à l'étranger qu'en Turquie.

On voulait décider Midhat à demander grâce, afin qu'il fût bien prouvé que le premier pas dans la voie des négociations eût été fait par Midhat ; et on désirait également posséder un document où Midhat reconnût, plus ou moins, sa culpabilité, document que par la suite il y aurait sans doute importance à divulguer.

Ce ne fut pas sans douleur que le bon Midhat répondit négativement aux avances qui lui étaient faites ! A Constantinople, la famille de Midhat séjournait ; et il brûlait du désir de la revoir !

Midhat, préoccupé par les événements politiques et tiraillé par le conflit des sentiments qui s'élevaient dans son cœur, tomba malade. Le duc de Sutherland, grand ami de Midhat, l'invita à venir passer en Ecosse, à Dunrobin-Castle, un mois de repos et de convalescence.

Midhat voulait refuser... Je dus mettre en jeu mon insistance, afin que Midhat acceptât.

Nous voyageâmes à petites journées... J'avais peur que le pauvre grand homme ne se fatiguât dans une excursion accomplie sans arrêt... Nous visitâmes les villes situées sur le parcours...

A Dunrobin-Castle, le duc et la très gracieuse duchesse nous offrirent une hospitalité princière. Je tiens à affirmer ici combien fut grande la gratitude de Midhat — je me permets de dire la mienne — envers nos hôtes. Nous avons souvent parlé, Midhat et moi, plus tard, de la bonté, de l'affabilité, de la courtoisie du duc et de la duchesse de Sutherland !... Nous étions choyés par les maîtres de la maison, par les nombreux invités...

Et quel beau château plein d'objets précieux, d'œuvres d'art !... Quel immense domaine !... Il suffît de dire, à propos de l'étendue de ce domaine, qu'il existe un chemin de fer, construit par le duc, et qu'on prend pour aller du bout à l'autre de la propriété...

La santé de Midhat se raffermit !

Un soir, il reçut une dépêche de S. Exc. l'ambassadeur de Turquie à Londres. Ce diplomate « priait Son Altesse de lui faire savoir quel jour Elle serait de retour à Londres, car il avait à Lui faire tenir, d'ordre de Sa Majesté Impériale, une communication très importante ».

Midhat répondit à Mussurus-Pacha :

— Je ne puis encore fixer le jour de mon retour à Londres. L'ambassade ne pouvait-elle me faire tenir la communication ici ?

Mussurus répondit amicalement : « Si je n'étais retenu, en ce moment, à Londres, par des affaires pressantes, je me serais empressé de venir en personne à Dunrobin-Castle, porter la communication à Votre Altesse.

Nous comprîmes qu'il s'agissait d'une négociation qui ne pouvait être suivie par écrit ; et Midhat décida de partir.

Le jour même de notre retour à Londres, le 25 août 1878, Mussurus, avisé par télégraphe, se présenta à notre domicile de Porchester-Terrace.

Les deux hommes d'État s'enfermèrent pendant une heure. Au départ de Mussurus, Midhat m'appela :

— Mussurus, au nom du Sultan, est venu me donner lecture d'une dépêche ainsi conçue : « Sa Majesté Impériale est disposée à rappeler « Midhat ; et Elle attend, pour donner cours à « Ses bonnes intentions, la demande de « Midhat. »... Or, mon fils, je me méfie, et je me suis décidé à répondre dans les termes suivants : — « Je remercie Votre Excellence de la communication qu'Elle m'a faite de la part de S. M. I. le Sultan. Je prie Votre Excellence de remercier, en mon nom, Sa Majesté Impériale de Ses bonnes intentions et de l'initiative qu'Elle a prise à mon égard, c'est-à-dire de me permettre de revoir mon pays et ma famille. Je ne désire nullement m'installer à nouveau, dans les circonstances présentes, à Constantinople, pour plusieurs raisons. »

Après avoir remis cette lettre à l'ambassade, près le gouvernement britannique, Midhat décida de se rendre à Paris, où Aarifi-Pacha était le représentant de l'empire ottoman. Aarifi s'était comporté, en face de Midhat, à plusieurs reprises, d'une façon grossière. Aarifi, rencontrant Midhat, ne l'avait pas salué, et ne se faisait pas faute de le dénigrer à toute occasion.

Aarifi — c'était en septembre 1878 — vint, très humblement, à l'arrivée à Paris de Midhat, visiter Son Altesse et lui donner lecture d'un télégramme de Constantinople : « Sa Majesté « Impériale autorise Midhat à rentrer en Tur- « quie, et fixe la résidence de Midhat en Crète, « où sera envoyée, à l'aide d'un vaisseau de « l'Etat, la famille de Midhat ; un haut fonc- « tionnaire saluera, à Candie, celui-ci. »

Midhat reçut debout l'ambassadeur et dit :

— Dans cinq jours, je partirai. Je prendrai, à Marseille, le bateau des « Messageries » qui me conduira à Syra, et de Syra j'irai en Crète.

— Votre Altesse a-t-elle d'autres ordres à me donner ?

— Non, Excellence !

Et Midhat fit comprendre que l'audience était terminée.

Sur le quai de départ, à la gare de Lyon, nous trouvâmes, non sans surprise, Aarifi-Pacha et tout le personnel de l'ambassade. Midhat salua froidement Aarifi et se mit à causer avec l'attaché militaire.

Notre traversée, sur le navire des « Messageries », fut belle. Chacun, à bord, voulut avoir l'honneur d'être présenté à Son Altesse. Les passagers nous firent une ovation chaleureuse au moment du débarquement à Syra, où Azelos-Effendi vint nous recevoir et nous offrir l'hospitalité chez lui.

Nous restâmes trois jours à Syra, où nous pensions devoir attendre le navire postal qui va de Syra à la Canée.

Le deuxième jour de notre arrivée à Syra, Midhat reçut, du secrétaire de Sa Majesté Impériale, la dépêche suivante :

— L'amirauté a l'ordre impérial d'envoyer à Syra un navire de guerre qui conduira Votre Altesse à la Canée

Effectivement, un « cuirassé » vint nous prendre. Nous nous embarquâmes aussitôt.

Nous prîmes terre, en Crète, après dix heures de navigation. J'ose dire après dix heures de supplice !... La mer était mauvaise et les cabines pleines d'insectes de toute espèce !

A la Canée, on nous fit la plus chaude réception. Toutes les autorités, civiles et militaires, s'entassaient sur le quai. La population entière, musulmane ou chrétienne, fourmillait dans les rues.

Un canot de l'amirauté vint à la rencontre de notre « cuirassé ». Dans ce canot, avaient pris place, en grand uniforme, le commissaire impérial ; S. Exc. le ghazi (maréchal) Achmet-Mouktar-Pacha ; le gouverneur général de l'île, S. Exc. Costaki-Pacha ; Salim-Effendi, le commandant de la gendarmerie et le président du Conseil communal. D'autres canots contenaient des officiers supérieurs et les notables de la Canée.

A peine notre cuirassé fut-il amarré que ces personnages montèrent à bord. Le maréchal Mouktar se précipita dans les bras de Midhat. Ces deux hommes illustres avaient des larmes dans les yeux. L'assistance fut vivement émue.

Midhat prononça une brève allocution dont voici le commencement :

— Je remercie la Providence d'avoir assez conservé mes jours pour qu'il me soit donné de revoir le sol de la Patrie et d'embrasser des amis tels que l'illustre et noble Achmet Mouktar-Pacha, commissaire impérial !

Nous descendîmes dans le canot de l'Amirauté, S. A. Midhat, Mouktar-Pacha, Costaki-Pacha et moi.

Les canons de la forteresse tonnèrent !...

La foule criait : « Vive Midhat, le champion de la liberté ! »

La garnison s'était alignée, en deux files, le long du parcours que nous avions à suivre dans la ville. Les musiques militaires jouaient la Marche impériale.

Devant la maison que devait, très provisoirement, habiter Midhat, étaient rangés, en bon ordre, les enfants des écoles chrétiennes et musulmanes. Ils chantèrent des couplets en l'honneur de Son Altesse.

Dans son salon, Midhat, pendant plus d'une heure, vit le défilé des personnages qui désiraient lui adresser leurs félicitations. Parmi ces personnages, il faut citer, en première ligne, tous les ulémas et tous les membres du clergé chrétien revêtus d'habits de cérémonie.

Or, à ce moment, la Crète était presque en révolte. Ce fait explique la présence du maréchal Mouktar à la Canée, en qualité de commissaire impérial. On avait envoyé, de Constantinople, Mouktar, afin qu'il s'efforçât de pacifier la Crète.

Le soir, il y eut illuminations et un banquet *monstre.*

Cette réception — à mon avis — ne fit pas plaisir au Sultan, car il donna aux autorités l'ordre télégraphique, dès le lendemain, d'empêcher les manifestations.

Nous ne demandions que cela ! Nous étions fatigués !... Midhat désirait goûter quelques jours de repos.

Nous rendîmes, toutefois, assez promptement visite à Mouktar, à Costaki et au président du Conseil communal.

Le cinquième jour après notre arrivée, Midhat, en se promenant, découvrit dans le village de la Haleppa, à 2 kilomètres de la Canée, certaine charmante villa qu'il voulut louer. Haleppa est l'endroit où les gens riches de la Canée vont passer l'été.

Nous n'avions pas fini notre installation, quand le corps consulaire vint saluer Son Altesse.

Nous attendions, avec impatience, l'arrivée de la famille de Midhat, famille qui — nous le savions — devait arriver à bord d'un navire de l'Etat, l'*Izzédin*... le même *Izzédin* qui avait déporté Midhat !

Sa Majesté Impériale avait fixé qu'on paierait à Midhat-Pacha dix mille piastres d'émoluments mensuels.

La vie était douce... Chaque soir, des amis venaient nous voir. Mouktar-Pacha se présentait tous les jours. Mouktar a beaucoup d'esprit, la plus exquise urbanité, et avait une réelle affection envers Midhat... Le maréchal Mouktar possède de grands talents militaires. Il a, dans la guerre récente, battu les Russes, sur la frontière asiatique. Il aurait marché avec succès au secours de Constantinople, si les événements et les ordres du « Palais » ne l'en eussent empêché !

Après avoir causé de la situation générale de l'Empire et de la situation particulière de la Crète, Midhat et Mouktar jouaient aux échecs ; et, régulièrement, l'ex-grand vizir battait le maréchal.

J'ai dit, plus haut, que la Crète était presque en révolte. Mouktar avait entamé des négociations avec certains chefs populaires. Il prenait conseil de Midhat. Je crois pouvoir dire, sans crainte d'être démenti, que les avis de Midhat furent goûtés par Mouktar et que c'est à ces avis que l'on peut attribuer la rapide pacification de l'île.

Les pourparlers aboutirent, le 30 septembre

1878 (v. st.), à une modification de la loi organique de 1868. Un projet de traité fut communiqué par Mouktar aux délégués de la population chrétienne. Mouktar réserva l'approbation du Sultan. Enfin, l'instrument définitif fut signé, à Haleppa, par l'une et l'autre partie, le 3 octobre (v. st.).

Les journaux d'Europe, toutefois, publièrent, dans le milieu de septembre, une dépêche où l'on annonçait que Midhat avait suggéré de céder la Crète à la Grèce par le canal de l'Angleterre ! C'était une absurdité qui ne méritait guère d'être réfutée. Midhat voulut, quand même, télégraphier à l'Agence Havas :

— Je vous prie d'opposer le démenti le plus formel à la nouvelle que j'aurais suggérée de céder, en usant des bons offices de l'Angleterre, la Crète à la Grèce.

Mouktar ne fit que rire quand il lut la dépêche des journaux européens.

Le maréchal Mouktar, après la pacification de la Crète, fut envoyé au Caire, en qualité de commissaire impérial et d'envoyé extraordinaire près le gouvernement égyptien. C'est un homme qu'il aurait fallu mettre à la tête du gouvernement ottoman et non placer dans une position équivoque et en seconde ligne. Je me permets ici d'adresser à l'illustre ghazi (maréchal) l'expression de mes sentiments de profonde estime et le témoignage de mes vœux les plus ardents pour son bonheur.

La famille de Midhat arriva ; pendant deux mois, le bon Midhat ne pensa qu'à la joie de se revoir au milieu des siens...

Et moi, je chassais la caille.

CHAPITRE X

MIDHAT GOUVERNEUR GÉNÉRAL DE SYRIE. — UN RÁPPORT DE MIDHAT SUR LES CONDITIONS DE LA SYRIE.

Une longue dépêche, rédigée en turc, par Aly Fuad-Bey, secrétaire de Sa Majesté Impériale, arrive, d'ordre du Sultan, à Midhat.

Celui-ci nous envoie chercher, Mouktar et moi...

Voici la traduction de cette dépêche :

« Constantinople. Du Palais, 13 novembre 1878. A S. A. Midhat-Pacha.

« Comme vous êtes au courant de la situation et des besoins de notre pays, et que vous êtes instruit des mœurs et du caractère de nos populations, Sa Majesté Impériale, notre Auguste Maître, par acte spontané de Sa volonté, vient de vous nommer gouverneur général du vilayet de Syrie.

« Il est à espérer que, grâce à vos talents, votre sollicitude, votre expérience et votre dévouement, vous ferez tout le nécessaire en

9.

vue du développement et de la prospérité du pays. Il faudra vous conformer aux exigences des mœurs et des habitudes des peuples, et, en même temps, adopter un régime compatible avec l'état général de l'Empire ; car, hors de telles limites, on se heurterait à des obstacles pernicieux et à des conséquences très fâcheuses.

« En conséquence, d'après l'expresse volonté de Sa Majesté Impériale, vos efforts, dirigés vers l'organisation du pays, se borneront strictement à rester dans les limites précisées ; et, pour tout ce que vous pourriez faire ou entreprendre, vous devrez demander l'autorisation de Sa Majesté Impériale.

« ALY-FUAD. »

Le lendemain 14 novembre, Midhat télégraphie au secrétaire de Sa Majesté Impériale :

« J'accuse réception de la dépêche contenant les importantes instructions de Sa Majesté Impériale. La ligne de conduite, que me trace notre Auguste Souverain, est déjà limitée par la loi, les règlements des vilayets et les coutumes locales, qui visent l'administration, le développement et la prospérité du pays.

« Je saisis l'occasion de renouveler l'expression de ma reconnaissance envers la bonté et la bienveillance dont Sa Majesté Impériale ne cesse de me prodiguer les preuves.

« MIDHAT. »

Nous nous attendions un peu à la nomination de Midhat au poste de gouverneur général de la Syrie. Des lettres confidentielles, venues de Constantinople, nous avaient prévenus qu'on en parlait au « Palais ».

Les préparatifs du départ sont rapidement faits. Nous nous embarquons sur l'*Izzedin*, toujours l'*Izzedin !* Le commandant du navire connaît son métier !... La mer est calme !... Nous touchons Beyrout, première ville du vilayet de Syrie !... Nous prenons terre !...

Encore une réception enthousiaste !... Je vois de braves gens qui pleurent, d'autres s'agenouiller, d'autres encore venir baiser le pan de l'habit de Midhat !... La foule, en poussant des cris d'allégresse, suit notre voiture !

Les autorités officielles, en grande tenue, nous attendent. Elles ont, à leur tête, Raïff-Effendi, gouverneur de Beyrout.

Raïff-Effendi avait été protégé par Midhat, lorsque celui-ci était gouverneur général de Bulgarie. Il dut, à Midhat, ses grades, son avancement !... Je n'aimais guère Raïff !...

Peut-être l'effroyable laideur de Raïff m'indisposa-t-elle toujours contre lui !... En tout cas, la suite du présent récit fera voir que Raïff ne fut ni loyal ni reconnaissant, et qu'il devint l'implacable ennemi de son bienfaiteur.

Nous restons huit jours à Beyrout, huit jours pendant lesquels l'infatigable Midhat s'occupe de constater le désordre de l'administration, l'incurie des tribunaux, la désorganisation de la gendarmerie et de la police, l'inaptitude des conseillers municipaux... Il visite les prisons, qu'il trouve mal tenues et bondées de simples prévenus.

Le gouverneur du Liban, S. Exc. Rustem-Pacha, le corps consulaire, les autorités civiles, militaires, religieuses, s'empressent de venir complimenter Midhat.

Nous quittons Beyrout pour aller à Damas. Deux grandes voitures ont été mises à notre disposition par la « Société Française des communications de Beyrout à Damas ». Notre escorte, composée de gendarmes libanais, est splendide. La chaussée, large et fort bien entretenue, nous permet de trotter ferme. Nous franchissons le Liban, où abondent les plus beaux paysages du monde !...

A moitié route, les gendarmes libanais sont remplacés par des zaptiés turcs. Autant les premiers, bien habillés, bien équipés et montés sur des chevaux fringants, font bonne figure, autant les seconds, sales, déguenillés.

à califourchon sur des bêtes mal entretenues, provoquent nos sentiments de pitié.

Midhat me dit tristement :

— Le Liban, sous la direction d'un gouverneur chrétien, montre un état satisfaisant au point de vue de la discipline et de l'ordre... Il n'en est plus ainsi parce que nous voici sur le territoire régi par un gouverneur turc ! Là, on s'occupe de l'administration ! Ici, tout marche à vau-l'eau, par suite de l'incurie !

— C'est vrai, Altesse, répondis-je. Il est déplorable que, chez nous, on n'attache souvent aucune importance à la tenue des fonctionnaires. C'est, toutefois, un détail qu'il ne faut pas négliger. C'est celui qui frappe le plus les voyageurs, dont le coup d'œil rapide ne saurait rien approfondir et classe les gens sur la bonne ou mauvaise mine. Votre Altesse, je le sais, donnera au colonel de la gendarmerie les ordres nécessaires pour que les malheureux zaptiés soient mieux vêtus.

Au relai suivant, quatre nouveaux zaptiés se présentent pour entourer nos voitures. Ces pauvres diables portent des vêtements en loques. Midhat les fait s'approcher, les questionne sur leur solde, leur harnachement, leur uniforme, et, enfin, leur donne l'ordre de ne pas nous accompagner, tant il avait honte d'être si mal escorté.

Au relai suivant, les zaptiés qui devaient prendre la place de leurs camarades congédiés se disent :

— Rien que deux voitures ! Pas d'escorte ! Ce ne peut être le Pacha gouverneur général !...

Ils restent tranquillement assis à terre... Mais le cocher ne l'entend pas ainsi. Le cocher crie : Venez ! c'est le Pacha !... Et les zaptiés se décident à nous suivre.

Nous arrivons à Damas vers six heures de l'après-midi.

A quelques kilomètres de Damas, est située la villa occupée par Abd-el-Kader, l'émir qui tint si vaillamment tête aux Français, quand ceux-ci firent la conquête de l'Algérie.

Dans cette villa sont réunis : le général en chef du corps d'armée de Damas, S. Exc. Eyoub-Pacha, et l'émir. Ces deux hommes portent les grands cordons de l'Osmanié et de la Légion d'honneur. On sait que Napoléon III voulut donner le grade le plus élevé dans la Légion à Abd-el-Kader... Toutes les autorités sont présentes.

Midhat endosse le grand uniforme...

Abd-el-Kader offre des rafraîchissements...

Nous changeons de voitures. Son Altesse place, dans la première, à sa gauche, Eyoub. La suite s'entasse dans les autres.

D'autres carrosses, *par centaines*, suivent...
Nous entrons dans la ville...

Voici, comme toujours, l'armée rangée sur le parcours !... les cris de joie !... les acclamations !... les fanfares jetant au vent les accords de la marche impériale !...

Au palais gouvernemental, on sert de nouveaux rafraîchissements.

Tous les employés de l'Etat défilent devant Son Altesse.

Enfin Eyoub nous invite à un grand banquet.

Le lendemain matin, nouvelle affluence, nouvelle cérémonie, afin que lecture soit donnée du firman impérial nommant S. A. Midhat gouverneur général de Syrie.

Midhat prononce quelques phrases. Il dit ses diverses intentions au sujet de l'administration. Il promet des récompenses aux fonctionnaires zélés et les punitions, les plus sévères, à ceux qui manqueraient à leur devoir. Il dit comme conclusion :

— Messieurs, je viens de vous faire une promesse !... Vous me connaissez assez pour savoir que je ne manque pas à ma parole !...

Je voudrais bien, ami lecteur, vous décrire Damas, la vraie ville d'Orient, aux rues étroites, aux bazars somptueux, aux races diverses, aux multiples cafés, aux monuments admirables !... Et les chiens, les ânes et les chameaux de Damas !

Mais, hélas ! Je ne suis pas écrivain... Et si je l'étais, il me serait impossible de peindre avec le beau style et la magie de couleur que tant d'auteurs célèbres ont employés afin de montrer Damas.

Je dois me borner au simple rôle de chroniqueur. Et je continue...

On travaille beaucoup. Midhat donne l'exemple.

Le 15 décembre 1878, Midhat signe un premier rapport sur la situation en Syrie et me charge d'aller remettre ce rapport à Constantinople, dans les mains du grand vizir, S. A. Haïreddin-Founouzlan-Pacha.

Founouzlan est un Tunisien, qui, après avoir joué, dans son pays, un rôle considérable, alla vivre à Constantiniple où il est parvenu à la dignité de grand vizir.

Founouzlan me reçoit avec beaucoup d'affabilité, se montre sensible aux compliments de Midhat, se fait donner des détails sur l'état lamentable dans lequel se trouve la Syrie... Puis, au moment où je vais me retirer, me dit dans l'oreille :

— Mon cher Effendi, je croyais que la désorganisation et l'incurie régnaient seulement dans les provinces. Je me trompais !... C'est ici, dans la capitale, que tous est le plus pourri !... Dites cela à S. A. Midhat, quand vous le verrez !

« Relativement au rapport que vous m'apportez, venez me voir demain matin, à huit heures. Nous le lirons ensemble... Il peut se faire que je ne saisirais pas bien, me trouvant seul, la valeur de certaines idées de Midhat... Vous me fournirez, à ce sujet, des explications. »

Le lendemain, je me présente exactement, à l'heure fixée, au yali du grand vizir. Celui-ci me fait immédiatement entrer et donne l'ordre ne nous laisser en conférence, sans le troubler pour qui que ce soit.

Voici le rapport de Midhat :

Bien que je n'aie pas eu le temps de me rendre complètement compte des besoins de la Syrie et d'introduire, dans le vilayet, conformément à la volonté du Sultan, les réformes nécessaires, j'écris, dès aujourd'hui, afin d'obéir aux instructions que Votre Altesse a bien voulu me communiquer par dépêche ; et je soumets sans retard à Votre Altesse quelques premières considérations sur le sujet en question.

Les renseignements que j'ai obtenus lors de mon arrivée, les observations que j'ai faites déjà personnellement et quelques études, auxquelles je me suis précédemment livré, me permettent d'appeler l'attention de Votre Altesse sur les points suivants :

Le vilayet de Syrie est l'un des plus vastes de

l'Empire. Sa position géographique lui donne une importance toute particulière. Son territoire immense, célèbre, de tous temps, par la richesse et la variété de ses produits, n'est pas moins fécond aujourd'hui qu'il l'était hier. Les transactions commerciales ont, en Syrie, une ampleur inconnue dans les autres provinces.

Pourquoi donc cette contrée n'est-elle pas la plus florissante de l'Empire ?

C'est parce que la Syrie ne jouit pas de certains privilèges qui ont été accordés aux autres parties du pays.

On s'est montré avare de concessions envers la Syrie, peut-être par suite des différentes habitudes des races qui la composent et, sans doute, plus encore, à cause des événements politiques qui se sont déroulés dans la moitié du siècle courant.

Le vilayet de Syrie acquiert une importance extrême, au point de vue administratif, par l'effet de la proximité du Liban et du voisinage de tribus insubordonnés, Druzes ou Ansariés. Enfin l'immixtion des étrangers dans nos affaires est plus considérable en Syrie qu'ailleurs.

En 1280 de l'hégire, des règlements furent, il est vrai, promulgués pour donner un cours fixe à l'administration des vilayets ; et une courte application de ces règlements sembla ouvrir, en faveur de la Syrie, une ère de prospérité. Toutefois, cela ne dura guère ! Les règlements devinrent lettre-morte. Les espérances conçues s'évanouirent !

Avant les Fauzimats, chaque vilayet n'avait qu'une légère partie des affaires qu'il doit présentement traiter ; et, cependant, on groupait alors, autour du vali, un rehaya et un divan kiatibi. Il y eut un moment où l'on créa divers emplois destinés à accélérer la solution des controverses. Mais ces emplois furent vite supprimés. Et, aujourd'hui, le val: est obligé de tout faire par lui-même : de lire des monceaux de documents administratifs ; de connaître les procès civils et criminels ; de correspondre avec le gouvernement central ; que sais-je encore !

Pour remédier à cet état de choses, il serait opportun de fixer, en premier lieu, les limites des territoires administratifs. La loi des vilayets a divisé chaque province en plusieurs sandjacks (arrondissements). Le sandjack comprenait plusieurs cazas (cantons). Enfin les cazas se subdivisaient en communes qui devaient posséder, chacune, un conseil administratif.

Tout chef-lieu d'arrondissement était pourvu d'un Moutassarriflik, dont le titulaire avait les attributions d'un mutessarif et dont relevaient les cazas.

Le vali avait un mouchavin (adjoint).

Or le moutassarriflik du *Merkez* (centre) ainsi que le mouhavinlik ayant été supprimés, toutes les affaires, que traitaient lesdits bureaux, doivent présentement être solutionnées par le vali.

L'administration du mouhossébé (comptabilité) du vilayet, administration qui n'avait qu'à reviser les comptes des sandjacks, est obligée, depuis la suppression du Merkez, de travailler au double.

Dans de telles conditions, les lenteurs sont inévitables et justifient les plaintes.

Il est impossible qu'un vali, auquel est confié la direction supérieure administrative, financière et politique, qu'un vali, qui doit également s'occuper des affaires militaires et des affaires de bon ordre et de police, puisse suffire à la tâche qui lui est imposée.

Il est absolument indispensable de rétablir les fonctions qu'on a supprimées.

De plus, les employés de l'Etat ne sont pas suffisamment rétribués. Ils ne peuvent vivre avec les maigres émoluments qu'on leur réserve. La somme totale, obtenue en additionnant les traitements des employés de l'Etat, depuis les honoraires du vali jusqu'à ceux du plus infime employé, représente moins de 4 0/0 des recettes du vilayet.

Il est de la plus grande nécessité de payer suffisamment les employés.

A la rigueur, on peut se passer du Mouhavin, mais à la condition d'avoir un Mutessarif du Merkez.

La direction du bureau étranger est confiée au Drogman du Vilayet. Ce fonctionnaire est en correspondance suivie avec les consulats généraux étrangers de Damas et de Beyrout, et avec les fonctionnaires ottomans de beaucoup de villes du Vilayet. Ce Drogman a énormément à travailler. On lui donne 1,000 piastres par mois. Cependant le fonctionnaire qui, au Liban, occupe une place analogue, perçoit, en réglant moins d'affaires, 12,000 piastres mensuelles.

Il me semble qu'il serait absolument juste d'élever le traitement du Drogman de Syrie à 7,000 piastres par mois.

En vue d'améliorer les traitements, il faut compter sur une dépense annuelle de 600,000 piastres.

Je crois qu'il est également urgent de procéder à la réforme des tribunaux, dont les irrégularités de procédure soulèvent de nombreuses critiques.

Sur ce terrain, il faudrait également des augmentations d'appointements. Les tribunaux de Cazas sont présidés chacun par un cadi payé de 600 à 1,200 piastres par mois. Le Cadi est assisté par deux juges et un greffier touchant chacun

100 ou 200 piastres par mois. En offrant de tels émoluments, l'Etat ne s'assure pas le concours d'hommes instruits et absolument intègres. Cependant ces tribunaux, souvent, jugent en dernier ressort, et les dénis de justice sont probables. Les greffiers, en nombre restreint, sont loin de suffire à leur tâche ou même d'être à la hauteur de cette tâche. Les détenus restent longtemps dans les prisons sans qu'il soit possible de statuer sur leurs cas. A Damas, sur 200 détenus, 150 étaient enfermés sur de simples soupçons et sans qu'on eût procédé à l'instruction.

Il me semble qu'il faudrait, en vue de faciliter le cours de la justice, augmenter de 200,000 piastres la somme globale des traitements des juges.

Je devrais décrire les abus commis dans l'administration du corps des zaptiés. Mais ces abus sont si connus, que je me résigne à passer outre. Je puis me limiter à indiquer les moyens de les réformer.

Bien que l'on soit en train d'élaborer, à cet effet, un projet de réorganisation, je crois qu'il faudrait, sans tarder, remettre en vigueur le règlement de 1285 de l'Hégire, règlement en vertu duquel ne peuvent être admis, dans les corps de zaptiés, que d'anciens soldats de bonne conduite ou des gardes de prison.

Le budget du vilayet accorde, en vue du fonctionnement du corps des zaptiés, une somme annuelle de 163,000 livres. Or, avec l'exécution stricte du règlement de 1285, je me charge de réduire la somme ci-dessus à celle de 70,000 livres et de pourvoir à un meilleur entretien des hommes.

Le règlement relatif à l'élection des membres des Conseils municipaux n'est plus en vigueur depuis quelques années. Ce règlement prescrivait le changement annuel de la moitié des membres. Les membres actuels siègent, depuis longtemps, sans qu'on ait voulu faire choix de leurs successeurs.

Maintenant, je dois indiquer à Votre Altesse les raisons qui ont réduit nos finances à la plus déplorable situation, celle où je les trouve.

Anciennement, on percevait les impôts en nature. Plus tard, on établit l'impôt foncier (Vergu) et, en 1282 de l'Hégire, on prit la dîme sur les revenus des terrains. Cette dernière taxation élève les recettes du vilayet à 57 millions de piastres.

Les débours sont les suivants :

1° 7,000 bourses aux employés en service ....Piastres	3.500.000 »
2° 20,000 bourses aux zaptiés en service	10.000.000 »
3° 20,000 bourses pour la caravane de la Mecque.................	10.000.000 »
Piastres	23.500.000 »

A cette somme, il faut ajouter : 1° les traitements de retraite des militaires et anciens fonctionnaires ; 2° les sommes affectées à l'entretien des domaines Vakoufs ; 3° celles nécessaires à l'entretien du 5° corps d'armée. Il faut ajouter que les 57 millions de recettes ne sont pas encaissés dans leur totalité chaque année. Nous avons un arriéré qui monte à 17 millions de piastres.

Les causes de cet arriéré sont : 1° l'état d'insubordination où se trouvent certaines tribus nomades qu'on astreint difficilement au paiement des impôts ;

2° l'estimation exagérée, faite lors du relèvement du cadastre, de la valeur des terrains. Beaucoup de propriétaires se refusent à solder une somme qui leur paraît exorbitante.

Je dois dire, Altesse, que, si les territoires du vilayet étaient cultivés comme ils devraient l'être, il y aurait, sur les bénéfices, une augmentation de 40 0/0.

La perception, dans le sandjak de Hauran, est affermée à un individu qui passe la main à des sous-traitants. Ceux-ci commettent les plus violentes exactions sur des populations misérables qui sont, à chaque instant, spoliées par les incursions des Arabes pillards. Aussi ces populations abandonnent-elles le Hauran, où la terre reste inculte.

Le moyen le plus apte à éviter aux populations misérables tant de malheurs serait de changer le mode de perception ; de convertir les dîmes en impôt foncier ; de dresser un cadastre afin de répartir équitablement l'impôt foncier.

On prendrait, à cet effet, comme base, le revenu des cinq dernières années et on en déduirait une moyenne annuelle.

Ici Midhat entre dans une minutieuse description du fonctionnement de la perception projetée. J'ose me permettre de sauter l'alinéa dont les détails paraîtraient oiseux au lecteur. Et je passe à la conclusion du rapport.

De plus, il faudrait supprimer les fémétuats (impôt sur les immeubles) et les bédélets-askeriés (impôts que paient les non-musulmans) et n'avoir qu'une taxe générale personnelle de 10 piastres par habitant mâle âgé de douze à cinquante ans. Toutefois, cette taxe ne devrait être appliquée qu'au vingtième de la population, c'est-à-dire à la portion ayant quelque aisance.

Je pense que, sur de pareilles bases, les recettes pourraient s'élever à quatre-vingt mille livres turques, sans aucunement pressurer les populations. Les tribus où manque le numéraire seraient autorisées à se libérer moyennant les produits du sol évalués au prix courant.

J'appelle la haute attention de Votre Altesse sur le présent projet. Le mois de mars approche ; et c'est celui où se fait l'adjudication de la perception des dîmes.

J'ai l'honneur...

MIDHAT.

J'ai tenu à transcrire le rapport ci-dessus, pour deux raisons.

La première, afin de prouver combien Midhat s'intéressait au sort des humbles. Il demande des juges pour les prévenus qui languissent en prison ; des appointements suffisants pour les employés de l'Etat, qui sont, à peu près, dans la misère. Il désire qu'on agisse *équitablement* dans la perception des impôts.

La seconde raison est de faire voir avec quelle promptitude Midhat se rendait compte des situations et indiquait les remèdes opportuns à opposer au mal.

CHAPITRE XI

SUITE DE L'ENTREVUE AVEC LE GRAND VIZIR. — CE QUE LE CORPS DIPLOMATIQUE PENSE A L'ÉGARD DE MIDHAT. — SÉJOUR A TRIPOLI.— COMMENT OPÈRE MIDHAT DANS SON VILAYET.

Lecture faite du rapport, S. A. Haïreddin, le grand vizir, me dit :

« Veuillez télégraphier à Midhat-Pacha que j'accepte, quant à moi, ses propositions. Cependant, je dois, avant de lui annoncer qu'il peut marcher, soumettre la chose au conseil des ministres... Je crains malheureusement l'opposition de certains ministres qui, sans donner de raisons valables, rejettent tout par système... Lundi, il y aura conseil. Revenez me voir mardi... Nous verrons, mardi, comment rédiger la dépêche à envoyer à Midhat.

« Mais expliquez-moi la valeur de l'article où il est parlé de dix millions de piastres donnés à la caravane de la Mecque ! »

— Altesse, chaque année, le gouvernement est obligé de transporter, à ses frais, la caravane de pèlerins qui, en vue de visiter la Mecque, se réunit à Damas et traverse le désert.

Cette obligation de l'Etat date des temps les plus reculés.

« Une caravane du même genre, pour le même motif, dans les mêmes conditions de concours d'Etat, part de Constantinople. Seulement, depuis l'ouverture du canal de Suez, l'itinéraire de cette seconde caravane a été modifié. Aujourd'hui, celle-ci prend place sur un navire de l'Etat, qui, sans escale à Beyrout, la conduit à Djeddah. Sur ce navire sont également transportés les tapis et les cadeaux que Sa Majesté Impériale envoie à la Mecque.

« Or, S. A. Midhat ne comprend guère pour quelle raison ledit navire ne fait pas escale à Beyrout. Si le gouvernement adoptait la disposition de l'escale à Beyrout, en vue d'embarquer les pèlerins réunis à Damas, à côté de ceux réunis à Constantinople, la province de Syrie bénéficierait d'une économie annuelle de huit millions de piastres.

— Mais qui pourrait s'opposer à cela ?

— Altesse, ceux qui rejettent tout systématiquement !...

Dans les quelques jours, où je dois attendre les décisions du gouvernement, je rends visite à S. Exc. M. Fournier, ambassadeur de France. Ce diplomate veut bien me dire qu'il tient en haute estime Midhat, et que les rapports envoyés à l'ambassade, par le consul général de France à Beyrout, sont des plus élogieux envers Midhat.

M. Fournier ajoute :

— Ce serait déplorable si la Sublime-Porte refusait, à Midhat, les pouvoirs nécessaires que celui-ci demande, et qui sont indispensables au bien-être et à la prospérité de la Syrie.

Il me dit de recommander à Midhat de conserver, en face des diverses nationalités, la plus scrupuleuse impartialité, « comme Midhat-Pacha l'a déjà fait en d'autres occasions ».

Enfin, M. Fournier conclut :

— On ne saurait comprendre combien ce serait heureux que l'élément chrétien prît dans l'administration une part plus large et plus active...

L'ambassadeur, avec beaucoup de tact, faisait ainsi allusion aux Maronites, protégés par la France et en face desquels le gouvernement ottoman était assez froid.

Je réponds vivement :

— Midhat-Pacha est un homme très libéral et sans préjugés religieux ! Il choisit les personnes les plus intelligentes, capables et probes, sans demander à qui que ce soit : Etes-vous musulman ou chrétien ?

Je cite des faits probants. — « Des postes fort importants, ceux de Kaïmakans (sous-préfets) ont été confiés déjà à des chrétiens. Midhat réserve la moitié des emplois, dans l'administration de la police, à des chrétiens. Les nominations paraîtront le jour où le gouverneur général de Syrie aura les pouvoirs qu'il désire... »

M. Fournier m'affirme qu'il appuiera vivement, à la Sublime-Porte, le projet de Midhat.

Je vais voir S. Exc. Sir Henry Layard, ambassadeur d'Angleterre. Il me dit :

— Les rapports des consuls anglais sont unanimement et entièrement favorables à Midhat-Pacha. Le gouvernement ottoman devrait se montrer satisfait de posséder un gouverneur général aussi capable et aussi intègre !

— C'est vrai, Excellence !... Et, toutefois, le gouvernement ottoman ne ménage pas, à Midhat-Pacha, certaines tracasseries ; et je crains qu'on ne donne pas, au gouverneur général de Syrie, les coudées franches. Dans ce cas, Midhat est décidé à offrir sa démission !

— Il y a, évidemment, pour l'instant, d'inévitables froissements qui disparaîtront. Il ne faut pas compter, pour atteindre le but, sur la coopération des ministres... Tout dépend de Sa Majesté Impériale, que je sais animée des meilleurs sentiments...

Je continue ma tournée d'ambassade à ambassade. Partout, on vante le mérite de Midhat.

Un ambassadeur m'affirme que la Turquie, qui produit des hommes « de la force de Midhat au point de vue politique et administratif, et des soldats héroïques, comme ceux de la dernière guerre, va de pair avec toutes les puissances ».

Voilà ce que pensait sur le compte de Midhat le corps diplomatique !

Me voici à nouveau devant le grand vizir. Son Altesse m'accueille le sourire aux lèvres :

— Effendi, je suis très content de vous annoncer que, par décret impérial, vous êtes nommé directeur des bureaux politiques en Syrie, avec le grade de muternaïz (grade correspondant au grade militaire de colonel).

— Je remercie, de tout cœur, Sa Majesté Impériale et Votre Altesse, de la confiance qu'Elles daignent me témoigner, en me confiant un poste difficile et où il faut beaucoup de doigté.

— Télégraphiez donc, à Midhat-Pacha, comme suit : « Vous avez demandé un bureau politique ? Vous l'avez ! Je suis le chef de ce bureau ! Vous avez envoyé un rapport destiné à vous faire donner pleins pouvoirs en vue de réformer la gendarmerie et la police. Ces pleins pouvoirs vous sont acquis !... Quant au reste, le conseil des ministres a opposé un refus absolu, surtout en ce qui concerne le pèlerinage de la Mecque !... Certains ministres avaient la tête si montée qu'ils étaient prêts à se servir, à votre égard, de mots peu corrects. Le grand vizir a dû, pour éviter cela, clore la discussion !... »

— Dans ces conditions, Votre Altesse pense-t-elle que Midhat-Pacha pourra gouverner facilement, et même rester à son poste ?

— Il serait extrêmement regrettable que Midhat démissionnât !... J'ai l'espérance la plus fondée qu'avec un homme, possédant le savoir-faire de Midhat, le plan de réformes aboutira !... Ce plan est soumis au Sultan ! Je travaille à la besogne ! Malheureusement, je suis entouré d'ignorants !

Je télégraphie à Midhat ; et, au bout de quelques jours, je reçois de Midhat la lettre suivante :

— Mon enfant, j'ai déchiffré votre dépêche. Vous m'annoncez que le grand vizir a approuvé mon rapport et que le Conseil des ministres — le Palais — a rejeté la partie de ce rapport visant les réformes à introduire dans l'administration de la justice et dans l'assiette et la perception de l'impôt. Je le déplore !

Si les journaux ont annoncé que je vais démissionner, c'est là une nouvelle que je ne leur ai pas communiquée. Je n'ai avec la presse aucune relation. Depuis votre départ pour Constantinople, toute correspondance, échangée entre mes amis et moi, a été suspendue.

Mes ennemis, sans doute, ont voulu faire croire, au sujet de ces démissions, que je désirais procéder au moyen d'une sorte d'intimidation.

Quoi qu'il en soit, je ne vous cache pas que mon intention est de me retirer si l'on me refuse d'adopter le plan que j'ai proposé. J'ai beau réfléchir, je ne vois, en dehors de ce plan, aucune possibilité de mettre fin à l'anarchie qui règne dans le vilayet.

Il pourrait se faire, après tout — et cela serait assez naturel — que ceux qui s'intéressent à l'avenir du pays aient parlé, au sujet de ma démission — de leur propre initiative. — Mais la première interprétation me semble meilleure.

Bien cordialement votre.

MIDHAT.

Je constate que toutes les formalités voulues sont accomplies, au sujet de la direction politique et de la réforme de la gendarmerie ; et je prends le chemin de Damas.

A Beyrout, j'apprends que Midhat est dans la ville. Je cours chez lui ! Je le trouve très irrité. Il a sur le cœur l'opposition qui lui est faite, par le Conseil des ministres à Constantinople, et celle qui lui est faite, par l'élément militaire, à Beyrout.

Je m'efforce de calmer Midhat.

— Que Votre Altesse ait un peu de patience ! Le temps éliminera les difficultés !... Je pense qu'il serait préjudiciable que Votre Altesse présentât sa démission !... C'est l'avis du

grand vizir, qui nous promet tout son appui !
Les ambassadeurs, à Constantinople, m'ont
affirmé, unanimement, qu'ils soutiendraient
vos idées ! Donnez le temps au grand vizir et
aux ambassadeurs d'agir !

Midhat m'avoue ne pas être rassuré sur la
solidité de la position du grand vizir.

Après un court séjour à Beyrout, nous partons pour Tripoli. Le pacha veut constater, de
ses propres yeux, la mauvaise administration
des tribunaux, des prisons, etc...

A Tripoli, il décide, immédiatement, la construction d'une voie carrossable destinée à relier Homs à Hama et celle d'un chemin de fer,
à voie étroite, entre le port et la ville de Tripoli...

Et, puisque nous sommes sur le chapitre des
réformes et des travaux publics, qu'il me soit
permis d'indiquer les principales mesures
ordonnées par Midhat et ses principaux actes,
depuis son arrivée à Damas.

Derniers mois de 1878. — Installation d'une
boîte fermant à clef pour le dépôt des requêtes,
afin que le vali examine, *de visu*, ces requêtes,
sans qu'il soit possible de les détourner ;

Lecture **du** firman impérial de nomination
et discours où il invite tous les citoyens ottomans à vivre fraternellement ;

Règlement des attributions judiciaires des Mékémés ;

Construction d'une prison convenable dans la citadelle de Damas ;

Réunion de la commission qui doit améliorer et propager l'instruction publique ;

Commission nommée pour la réforme de l'administration de la police ; rapport rédigé à cet effet, à Beyrout, et porté, à Constantinople, par Clician-Vassif-Effendi.

1879. — Décret spécifiant le cas où le créancier peut user de contrainte par corps en face du débiteur ou du failli ; ce décret met fin à des abus nombreux ;

Ordre de commencer, sous la direction de l'ingénieur anglais Austin, les études relatives à la création de voies ferrées ;

Mise en jugement du préposé des douanes à Saint-Jean-d'Acre, préposé poursuivi sous l'inculpation d'exactions abusives ;

Enquête sur la gestion du Mouasebedgi, caissier des Efkafts ;

Ordonnance visant les poids et mesures à employer à Damas ;

Prohibition de tenir des dépôts de pétrole *intra muros* ;

Construction et ouverture d'un théâtre ;

Défense d'attaquer les Bédouins, même pillards, et de leur enlever des chevaux ; — un gendarme, convaincu d'avoir pris la jument d'un Bédouin, est condamné à la restitution et à une punition exemplaire ;

Convocation d'une assemblée de notables à l'effet de pourvoir aux ressources nécessaires à la création de nouvelles écoles ;

Commencement des travaux nécessaires à la création d'un jardin public municipal ;

Visites de Midhat, accompagné par Clician-Vassif-Effendi, à diverses villes ;

Soumission de la tribu des Bédouins Béni-Saker ;

Réorganisation de la police sur de nouvelles bases administratives ;

Condamnation et exécution de trois criminels convaincus d'avoir, dans le district de Merdgé, assassiné deux chrétiens et d'avoir brûlé les corps de ceux-ci ;

Découverte et première exploitation du gisement de houille à Chelladat, dans le Hauran ;

Création du corps des Méfrégés (infanterie montée sur mulets) ; — cette troupe est spécialement agglomérée sur la frontière du désert, où passent les Bédouins nomades ;

Transfert des prisonniers à la prison de la citadelle ;

Nomination d'un inspecteur du *Tapou*, administration dont le but est l'enregistrement des actes de propriété ;

Elargissement, à Tripoli, après enquête, de prisonniers détenus, sans culpabilité prouvée, depuis huit ou dix ans, et de prisonniers détenus quoiqu'ils eussent purgé leur condamnation ;

Condamnation de juges prévaricateurs ; — un cadi s'était laissé corrompre et avait acquitté certain délinquant ; — le cadi va en prison ;

Inauguration des travaux de la route carrossable de Tripoli à Homs et Hama ;

Création de la Société indigène des tramways de Tripoli ;

Commission créée pour le choix des *policemen* du vilayet ;

Décision prise par le grand conseil du vilayet, sur la proposition de Midhat, que les impôts, à Tripoli, seront dorénavant perçus en numéraire ;

Fondation d'écoles à Tripoli ;

Concession définitive, donnée à la Société tripolitaine des tramways ;

Renouvellement, par suite d'élection, du Conseil administratif ;

Arrestation de coupables laissés impunis ;

Institution d'une commission destinée à examiner la procédure, dont on s'est servi, en face de crimes dont les auteurs sont restés inconnus ou n'ont pas été poursuivis ;

Election populaire des juges du vilayet ;

Construction d'une caserne pour les gendarmes du Hauran. Ces gendarmes, auparavant, étaient logés chez les habitants ;

Décret contre les fonctionnaires qui exigent, sans être autorisés par la loi, certains prélèvements d'impôts ;

Délibération à propos des travaux du port de Beyrout (1) ;

Le marché Bezourié, à Damas, est reconstruit d'après un plan plus vaste ;

Election des membres de l'administration municipale de Damas ;

Arrestation du bandit Atta ;

Création du mutessarfat du merkaz (préfecture centrale) ;

Inauguration du jardin public à Damas ;

Nouvelle administration de la police à Beyrout ;

Nouveaux règlements à l'usage de la gendarmerie à pied et à cheval ;

Organisation des courriers destinés à assurer les communications postales entre Damas, Homs, Hama, Hosné et Tripoli, trois fois par semaine ;

Restauration et réouverture de la « fabrique

---

(1) Ce décret et cette délibération firent hausser de 40 0/0 la valeur des immeubles.

de cotons », à Damas ; règlements relatifs à cette fabrique ;

Décrets contre les abus pratiqués dans le district de Lattaquié ; ces abus, passés à l'état de coutume, empêchaient toute manifestation de progrès ;

Décret relatif au cadastre dans diverses parties du vilayet ;

Les habitants de Fell-Chebat, village du Hauran, reprennent possession de leurs terres ;

Envoi de délégués chargés de procéder à une enquête sur la perception de la dîme dans le Hauran ;

Concours demandé aux habitants du Liban et obtenu d'eux, au sujet de la route carrossable de Tripoli ;

Poussés par Midhat, plusieurs notables se décident à acheter, en Europe, des machines agraires ;

Création d'un réseau télégraphique à Hasbaya ;

Mise en jugement de collecteurs d'impôt qui percevaient les contributions sans donner quittance ; règlement sur la matière ;

Création de bureaux de police dans les sandjacks ;

Par suite de l'assentiment des populations, l'impôt du district de Ageloum est augmenté de 140,000 piastres ;

Restitution d'objets dérobés, à Safed, au détriment d'israélites ; arrestation du coupable ; destitution du kaïmakan ;

Augmentation de 9 millions de piastres dans les recettes du vilayet, par suite des simplifications administratives ordonnées par Midhat ;

Nomination d'un inspecteur des écoles primaires ;

Décision par laquelle Midhat déclare que, chaque matin, une affiche, posée à la porte du Palais, indiquera quels placets ont été reçus la veille ;

Le raza de Lattaquié est transformé en mutes·sarifat ;

Impression d'un livre — dont chaque gendarme reçoit un exemplaire — indiquant les modes de procédure, la forme à donner aux procès-verbaux ;

La dîme de Merzé est donnée, sans les formalités voulues, à un traitant ; Midhat annule les enchères ; les nouvelles enchères augmentent de 374,124 piastres le prix d'adjudication ;

Les bagarres survenues à Hermel provoquent une enquête contradictoire entre les délégués du gouvernement de Damas et ceux du gouvernement libanais ; on craignait que cette enquête n'amenât de nouveaux troubles ; elle pacifie tout ; quinze Libanais, sous la pré-

vention d'être les instigateurs des désordres,
sont remis, par la gendarmerie libanaise, aux
gendarmes de Damas ;

Construction d'un quai, sur la rive du
Barada, en vue de faciliter l'œuvre de la
« Société française de la route Damas-Bey-
rout » ;

On découvre que des exemptions frauduleu-
ses de dîmes et d'impôts ont été faites dans le
Hauran ; Midhat sévit ;

Energique répression des incursions, commises, dans les district de la province d'Alep,
par des tribus nomades ;

Nomination d'un inspecteur judiciaire destiné à s'assurer du fonctionnement régulier des
tribunaux ;

Exécution d'un scélérat qui avait assassiné
un employé français de la « Société française » ; le meurtre remonte à deux ans ; l'ambassadeur de France envoie des remerciements
à Midhat ;

Installation de la direction politique instituée par firman de Sa Majesté Impériale ; le
chef de cette administration — nous le savons !
— est Clician Vassif-Effendi ;

On étend les effets de la loi du Nizam-Tapou
sur le Hauran ;

Prohibition formelle de vendre les propriétés

au moyen d'une simple transmission des titres ;

Création, à Damas, d'un journal officieux, le *Séham ;*

Visite de Son Altesse à Homs et Hama ;

Décret déclarant que les contrats, souscrits par les paysans, seront, en cas de controverse, élucidés par les tribunaux ;

Décret confiant la défense et la protection des orphelins aux tribunaux ;

Restitution des marchandises enlevées, près de Homs, par les Bédouins, à une caravane ; punition des Bédouins ;

Visite de Son Altesse à Lattaquié ;

Nomination d'un mudir à Iky-Caboli ;

Cinquante gendarmes sont désignés en vue d'assurer la sécurité de la route de Damas à Homs ;

Reconstruction du Han de Rotéïpé et installation d'un poste de gendarmes dans cette localité ;

Ordre de Son Altesse, aux muttesarifs, de ne pas élargir certains malfaiteurs, réputés très dangereux, même après décision d'un tribunal, sans en référer à l'autorité centrale ;

Soumission de la tribu Dandachli, qui, par ses déprédations, avait acquis une certaine célébrité ;

Soumission de quelques brigands de renom ;

Pacification des druzes qui, dans le Hauran, avaient arboré l'étendard de la révolte ; cette pacification est due autant à l'énergie qu'à l'habileté diplomatique de Midhat ;

Inauguration de la route carrossable de Salhigé ;

Décret réglementant les examens que doivent subir les avocats ;

Décret statuant que les *policemen* nouvellement embrigadés doivent connaître, par cœur, les règlements, et avoir des notions de procédure ;

Des modèles d'uniforme sont donnés aux municipalités, pour que la tenue des *policemen* soient uniforme dans le vilayet ;

Arrestation de bandes de voleurs par les nouveaux gendarmes ;

Nomination de Aly-Bey-Hadamé, un Druze, au kaïmakamat de Géblé ;

Les immigrés, venant de Constantinople, sont, par ordre de Son Altesse, établis dans les Cazas de Rosnastra, Homs, Hama et Tripoli ;

Le kamaïkan d'Ageloun est envoyé devant les tribunaux, sous prévention d'exaction ;

Installation d'un service d'omnibus entre Damas et Salahié ;

Commencement de 1880. — Ouverture d'une école à Homs ;

Le kamaïkan de Sour est déféré aux tribunaux pour abus de pouvoir ;

Inauguration, à Damas, d'un orphelinat, pouvant contenir 150 assistés ; création directe de Midhat ;

Ouverture d'écoles à Saïda, Beyrout, Tripoli, Lattaquié et nombre d'autres villes ;

Inauguration des tramways de Tripoli ;

Ouverture de la route carrossable entre Damas et Homs ;

Donation de vastes étendues de terrain à la « Communauté chrétienne », en vue de la fondation de deux villages, Schemsin et Duméni ;

Nomination d'un kamaïkan chrétien à Markap;

Ouverture d'une rue magnifique à Rass-el-Beyrout ;

Création d'une école israélite à Damas ;

Voilà le bilan abrégé !

Et tout a été fait, depuis les derniers jours de 1878, jusqu'aux premiers jours d'avril 1880, en seize mois !

En seize mois, des centaines de kilomètres de route ont été exécutés ; des monuments ont été élevés ; des villages créés ; des écoles ouvertes ; des réformes administratives édictées ; des lois modifiées ; des conquêtes poursuivies ; l'œuvre de la justice affermie !...

Il faut remarquer, à la louange de Midhat, que tout venait de lui, de lui seul ! Il ne comptait, dans son entourage, qu'un nombre très restreint de collaborateurs en sous-ordre ; et, encore, ces collaborateurs détenaient des postes où le travail était incessant et ne pouvaient, dès lors, donner qu'une bien faible partie de leur temps à l'étude préventive des innovations et des améliorations que désirait Midhat. En Europe, le moindre préfet s'appuie sur des organisations publiques d'ingénieurs, de magistrats, de prud'hommes, de chambres de commerce..., organisations qui mâchent la besogne du préfet !... et qui n'existent que fort peu ou pas du tout en Orient. Midhat avait à gouverner, à transformer une province trente fois plus vaste qu'un département français et ne pouvait être que très médiocrement secondé... lorsqu'il était secondé !

Il avait à lutter contre des ennemis, à déjouer des intrigues !

Son activité, sa clairvoyance, son esprit pratique, son patriotisme surmontaient les difficultés ! Autour de lui, animé par son exemple, chacun fournissait un travail énorme !...

Midhat se montrait, tour à tour, diplomate, négociateur, administrateur, jurisconsulte ! S'il était obligé de laisser un sujet, il passait immédiatement à quelque autre sujet d'étude !

Il croyait, comme César, n'avoir rien fait s'il lui restait quelque chose à faire !

CHAPITRE XII

MIDHAT OFFRE SES DÉMISSIONS. — UN RAPPPORT DE MIDHAT EXPLIQUE POURQUOI IL DÉSIRE SE RETI-RER DES AFFAIRES.

Cependant, les événements s'accélèrent.

Midhat, qui opère infatigablement, pense qu'il perd du temps !... Il ne se sent pas les mains libres ! Il craint de ternir sa réputation d'administrateur !... Il envoie, à plusieurs reprises au « Palais » l'offre de sa démission.

Voici, à ce sujet, quelques dépêches échangées entre Midhat et Constantinople.

Damas, 30 mai 1880.

Au premier secrétaire de Sa Majesté Impé-riale.

J'insiste sur la démission que j'ai donnée, il y a quelque temps. Sa Majesté Impériale n'a pas voulu l'accepter, parce que, disait Sa Majesté Impériale, il ne fallait pas laisser en suspens les affaires graves que je traitais et parce qu'Elle avait confiance en moi. Aujourd'hui, que la difficile question des Dru-zes est heureusement solutionnée, je viens prier Sa Majesté Impériale de me faire remplacer. Cela pour plusieurs motifs et importantes raisons.

MIDHAT.

Yldiz-Kiosque, 1er juin 1880.

Aaly-Fuad-Bey, secrétaire de Sa Majesté Impériale, à Midhat-Pacha.

Si le commissaire extraordinaire, que Sa Majesté Impériale avait promis d'envoyer se concerter à Bagdad avec Votre Altesse, lors de votre offre de démission, n'a pas été expédié, c'est qu'il a été impossible de trouver l'homme apte à recevoir une si importante délégation. Les motifs de démission que Votre Altesse avait énoncés, lors de sa première demande, se sont-ils augmentés ? En cas affirmatif, précisez les nouvelles raisons, en les communiquant directement au Palais.

Toutefois, comme une commission a été nommée en vue de reviser les règlements des vilayets, Votre Altesse devra patienter jusqu'au moment où ce travail sera prêt.

Sa Majesté Impériale ajoute que tout homme d'Etat doit se sacrifier, jusqu'au bout, pour le bonheur de la patrie ; et, se basant sur ce principe, Elle refuse d'accepter votre démission.

Damas, le 2 juin 1880.

A S. Exc. le premier secrétaire de Sa Majesté Impériale.

Si je voulais énumérer tous les motifs qui m'incitent à demander ma démission, il me faudrait des volumes. Je puis me borner à dire qu'avec les nouveaux règlements et les lois en vigueur, il m'est matériellement impossible de gouverner. Sa Majesté Impériale affirme, avec raison, qu'un homme d'Etat doit se sacrifier, jusqu'au dernier moment, pour le bien de la patrie.

Mais encore faut-il que pareil sacrifice ne puisse tourner au préjudice du pays et à la compromission d'un homme et de la famille d'un homme, qui, depuis quarante-cinq ans, sert loyalement, honnêtement le pays. Un tel sacrifice ne doit pas se faire.

J'insiste à nouveau pour que Sa Majesté Impériale daigne accepter définitivement mes démissions.

MIDHAT.

Yldiz-Kiosque, 5 juin 1880.

Le secrétaire de Sa Majesté Impériale à Midhat-Pacha.

Sa Majesté Impériale est la première à sauvegarder votre honneur. Son estime envers vous le garantit.

Relativement aux plaintes que vous élevez contre les nouveaux règlements, Sa Majesté Impériale les pense fondées. Aussi demande-t-Elle à Votre Altesse de dresser un rapport à ce sujet et de Lui expédier ledit rapport, par l'entremise d'un homme de votre confiance, dans le plus bref délai.

Damas, 7 juin 1880.

S. A. Midhat-Pacha à S. Exc. le secrétaire de Sa Majesté Impériale.

Je remercie Sa Majesté Impériale de Sa haute bienveillance.

Sa Majesté Impériale m'ordonne de lui expédier, par envoyé spécial, un rapport. Je dois faire connaître, dès à présent, que ce rapport, non seulement visera les réformes administratives et judiciaires, mais encore les manières d'agir des autorités militaires à mon égard.

Ces autorités, en gardant envers moi une attitude hostile, pensent nuire à ma personne et ne réfléchissent pas que le gouvernement subit, à son détriment, les conséquences de leur conduite. Lorsque je demande des soldats, on me les refuse. J'écris à ces autorités, elles ne répondent presque jamais. Depuis six mois, les deux représentants de l'autorité civile et de l'autorité militaire ne se sont pas vus.

Dans de telles conditions, ma position n'est pas tenable ! Je me vois forcé de demander encore à Sa Majesté Impériale mon éloignement de Damas.

La personne qui portera mon rapport à Sa Majesté Impériale est désignée. Je compte la faire partir dès le prochain courrier.

Yldiz-Kiosque, 9 juin 1880.

S. Exc. le premier secrétaire de Sa Majesté
Impériale à S. A. Midhat-Pacha.

Sa Majesté Impériale prend vos plaintes en considération. Dès aujourd'hui, comptez que votre rapport sera accepté. Sa Majesté Impériale désire vivement que vous communiquiez à votre envoyé, en ce qui concerne les affaires de l'Empire, vos idées personnelles, vu la situation grave.

En conséquence, outre le rapport sur les réformes de Syrie, Votre Altesse devra rédiger un plan général de réformes dans les conditions de l'Empire.

Midhat rédige le premier rapport et s'occupe du second. Malheureusement, il choisit, pour porter le document à Constantinople, Reussé-Raïff-Effendi.

Plusieurs personnes et moi, nous insistons vainement pour que Midhat désigne un autre envoyé... Dans le corps consulaire, on me félicitait parce qu'on pensait que c'était à moi qu'échéait la mission ! Cela me fait penser que Midhat peut me soupçonner d'agir, à l'encontre de Raïff, par suite d'ambition personnelle !... En effet, s'entretenir confidentiellement avec le Sultan n'est pas un petit événement sans conséquence dans la vie d'un fonctionnaire ottoman ! Et je ne parle plus de Raïff à Midhat...

J'ai déjà fait allusion aux faux bruits que Raïff faisait courir pour saper, en Syrie, la position de Midhat. Voici le plus grave.

Raïff insinuait que Midhat se rendait populaire en Syrie, avec le but secret d'opérer, soutenu par l'Angleterre, comme Mehmed-Aly, Pacha d'Egypte, avait agi sur les bords du Nil. C'est-à-dire, à un moment donné, Midhat se serait soulevé, se serait proclamé soûverain et aurait formé un Etat, plus ou moins autonome, composé de l'entière Syrie, de la Palestine et de la majeure partie du vilayet d'Alep.

Le lendemain du départ de Raïff-Effendi pour Constantinople, Midhat me fait appeler :

— Mon enfant, je regrette bien vivement que vous ne connaissiez qu'imparfaitement la langue turque !... Ah ! si vous pouviez vous exprimer en turc comme vous vous exprimez en français ! Mon désir était de vous envoyer à Constantinople ! Je me serais confié à vous sans arrière-pensée !... Je vous aurais même muni de pouvoirs en vue de traiter en mon nom !... Mais vous n'êtes pas fort en turc ; et Sa Majesté Impériale ne parle et ne comprend que le turc !... Que de choses auraient pu vous échapper ! Que de faits n'auriez-vous pu expliquer !...

« Je ne veux pas dire que Raïff, très intelligent, ne puisse conduire sa mission à bon port... Toutefois... Toutefois... »

Midhat s'arrête et rêve...

Je crois comprendre que Midhat se repent d'avoir choisi Raïff...

J'insère ici le rapport de Midhat :

Il y a près de deux ans, j'ai été autorisé, en vertu d'un décret impérial, à quitter l'Europe et à me fixer dans l'île de Crète. Je devais toucher 200 livres turques, ce qui était un bienfait de Sa Majesté Impériale.

J'avais à peine eu le temps de remercier Sa Majesté Impériale, quand survint un nouveau décret me désignant au poste de gouverneur général de la Syrie.

Cette province se trouvait dans un état voisin de l'anarchie. En prenant la direction du gouvernement de Syrie, je ne me suis pas caché les difficultés de la tâche que Sa Majesté Impériale me confiait.

L'ardent désir que j'avais de servir mon pays et de répondre par des preuves de zèle aux sentiments bienveillants de Sa Majesté Impériale, me fit accepter une lourde mission.

Mon premier soin, en arrivant en Syrie, fut de rédiger, pour la Sublime-Porte, un rapport relatif aux réformes à introduire. Les conclusions de ce rapport furent acceptées en grande partie. Je me mis à travailler à la réorganisation de la police et de la gendarmerie. J'obtins, dans le vilayet entier, des conditions de sécurité auxquelles on n'était pas habitué.

J'eus la satisfaction de constater une augmentation de cent mille livres dans les recettes du vilayet. Cette augmentation me permit de ne pas négocier l'emprunt habituel relatif au départ de la caravane ; de payer plusieurs mandats tirés, sur la caisse du vilayet, par le ministre des finances ; de ne pas augmenter notre dette qui s'élève à un million de livres turques ; d'envoyer de l'argent à Constantinople ; de faire face aux allocations destinées au 5e corps d'armée.

Encouragé par ces succès, j'entrepris d'assurer le bien-être et la prospérité du pays.

Malheureusement, à Constantinople, on se fit une idée peu exacte de mes sentiments et de mes intentions. On opposa à mes demandes un refus sec, sans joindre aucun motif, et, bientôt, on ne me répondit plus.

Voilà les motifs qui m'ont poussé à présenter, la première fois, il y a six mois, l'offre de ma démission.

Bientôt, mû par des sentiments de dévouement et par le désir de me conformer aux ordres de Sa Majesté Impériale, et parce que je voyais l'importante question druze devenir menaçante et que je sentais qu'il fallait à tout prix étouffer la révolte, je résolus de ne pas insister au sujet de ma démission et, en envisageant le point d'honneur, de rester en place.

La Syrie, à l'immense territoire, contient des races diverses : Turcs, Arabes, Arméniens, Syriaques, Grecs, Druzes, Ansariés, Turcomans, Maronites ; des hommes de différentes religions : musulmans, catholiques, protestants, orthodoxes. Il arrive aujourd'hui, en Syrie, des émigrés algériens, circassiens, tartares ! Ajoutez les tribus nomades ! Chacun a des habitudes particulières et souvent en antagonisme avec celles des autres ! Le Liban possède une constitution spéciale ! Appliquer le même système d'administration partout en Syrie n'est pas possible, certes ! Mais, cependant, il ne semble pas que les citoyens d'un même Etat aient à vivre avec des devoirs dissemblables. Les uns jouissent de l'exemption de plusieurs taxes, des dîmes ; de l'exonération du service militaire : de l'exonération des droits sur le timbre, le tabac. Les autres sont frappés d'un double impôt foncier, de la taxe sur les moutons, et doivent s'acquitter du devoir militaire.

Pour ce qui regarde ce devoir militaire, il est exigé d'une manière abusive. En effet, on indique un chiffre de population deux ou trois fois supérieur au chiffre réel ; et les populations se voient obligées à fournir un conscrit par fraction de moins de cent habitants.

L'immixtion des étrangers dans nos affaires tient une grande place dans l'esprit de nos populations. La France et l'Angleterre jouent ici un rôle considérable. La première couvre de sa protection les Maronites ; la seconde les Druzes. L'Allemagne protège, depuis quelque temps, les habitants de Raïffa, où elle possède une grosse colonie. L'Amérique, en visant le but d'avoir des protégés, se livre à une intense propagande protestante dans la montagne des Ansariés, entre Hama et Lattaquié. Ces Ansariés, dans l'intention de se soustraire aux exactions des percepteurs d'impôt, et surtout en vue de se soustraire aux charges de la conscription militaire, embrassent en foule le luthérianisme.

La montagne des Ansariés offre une superficie égale à celle du groupe du Liban. Si la montagne des Ansariés n'a pas acquis une importance commerciale égale à celle du Liban, cela tient à ce que le Liban est mieux administré.

Cet état de choses, en Syrie, porte de nombreux préjudices au gouvernement. J'ai, dans des rapports antérieurs, précisé ces préjudices et demandé d'introduire les réformes financières et judiciaires compatibles avec les mœurs locales.

Ces rapports restèrent sans réponse.

J'ai entrepris une tournée dans la montagne des Ansariés. J'ai réuni les principaux chefs. Je les ai décidés à opérer leur recensement en employant une nouvelle méthode. J'avais en vue d'établir une certaine sécurité dans le pays et de recouvrer une partie des impôts arriérés dont la somme s'élève à quinze millions de piastres. J'avais besoin d'une dépense préliminaire de trois cent mille piastres. La direction du Trésor, à Constantinople, me refusa, « par suite de la pénurie du Trésor ».

L'affaire en est restée là !

Le sandjack de Saint-Jean d'Acre, qui compte plus de cent mille habitants, se trouve, par l'effet de la mauvaise administration, dans un état de ruine. Une grande partie des terrains, dans ce sandjack, est entre les mains des étrangers. J'ai signalé ce fait dans un rapport daté du 23 janvier 1295 (ère de l'Hégire). J'indiquais les remèdes à apporter à cette triste situation.

La Sublime-Porte n'a pas cru devoir me répondre.

Le 9 avril 1295, j'ai appelé l'attention de la Sublime-Porte sur les districts de Maara et de Rarack, du sandjack de Naplouse, qui se trouvent, depuis environ cinq ans, dans la plus complète anarchie. J'ai démontré, vu les plaintes des Chrétiens, et vu l'envoi, de la part de la France et de l'Angleterre, de commissaires spéciaux, que ces puissances pourraient bien ne pas être complètement désintéressées dans la question. J'ai indiqué les mesures qu'il me paraissait utile d'adopter. J'ai renouvelé mes indications, à la Sublime-Porte, le 10 janvier 1296.

La Sublime-Porte n'a pas cru devoir me répondre !

L'année dernière a surgi la question des Druzes. J'ai pris sur moi d'instituer un Kaïmakamat, un tribunal, une gendarmerie et de supprimer les pensions données, à titre de gratification, aux principaux chefs druzes. J'ai fait part de ma conduite, à la Sublime-Porte, dans mon rapport du 6 janvier 1296.

Je n'ai reçu aucune réponse !

Exposons maintenant la question financière.

Les recettes du vilayet s'élèvent à 52 millions de piastres. En vertu d'ordres supérieurs, il a été établi un droit proportionnel, sur les propriétés et sur la rente, dans tous les sandjacks, sauf ceux de Naplouse et du Hauran. Bien que cette mesure fût équitable, elle ne put être mise en œuvre par suite de l'opposition des habitants.

Ceux-ci basent leur prétention à ne pas payer sur le refus, opposé par les étrangers, de solder le « fénéturet » (taxe personnelle). Le résultat est l'accumulation considérable des arriérés.

La taxe sur les moulins constituerait un des meilleurs revenus du vilayet, parce qu'elle est perçue dans les quatre premiers mois de l'année. Mais elle ne saurait être exigée dans les tribus de Bédouins nomades qui, comme ceux de Bagdad, n'ont ni feu, ni lieu. J'ai voulu établir un système de billets à souche, système qui a fort bien réussi à Bagdad, puisque les recettes se sont augmentées de neuf mille livres turques. Malheureusement, à Constantinople, on ne comprit pas la portée de l'innovation ; et je reçus l'ordre de ne pas modifier les règlements.

Examinons la question des dîmes.

L'année passée, les dîmes furent affermées dans des conditions qui produisirent une augmentation de recettes de huit millions de piastres. La somme perçue fut, dès lors, vingt et un millions de piastres. S'il m'eût été donnée, présentement, d'affermer, de la même façon, les dîmes, la recette se serait élevée à trente-cinq millions. Mais la Sublime-Porte m'envoya son veto, avec ordre de percevoir directement pour compte du gouvernement, ainsi qu'on le pratique dans les vilayets de Smyrne et dans le sandjack de Féhatalgia.

Depuis le mois de janvier jusqu'à la fin d'avril, je n'ai cessé de démontrer, dans de nombreux rapports, les défectuosités des modes de perception.

J'ai insisté pour que ces modes variassent d'une province à l'autre. Ici, ils sont bons, là ils sont mauvais. Et le Trésor pâtit.

A Constantinople, on ne tient aucun compte de mes observations !

On s'obstine, à la Sublime-Porte, à m'imposer de percevoir les dîmes pour le compte du gouvernement. Or, ce système est d'autant plus impraticable que je ne pense pas que, sur les cinq mille individus employés à la perception, on puisse trouver cinq cents personnes à qui attribuer toute confiance et munies des qualités voulues.

Le résultat est la corruption des fonctionnaires, la diminution des recettes et le déficit du Trésor. Je crois que l'on n'obtient, à l'aide du système employé, que 50 0/0 des recettes qui devraient être inscrites au bénéfice de l'Etat.

Ce système, à mon avis, n'est pas applicable dans un pays qui renferme un très grand nombre de communautés et beaucoup de tribus nomades.

J'ai eu l'honneur d'exposer, à maintes reprises, ma manière de voir et de démontrer l'inopportunité de confier les perceptions à des « fahksidars » payés d'une façon très insuffisante.

On ne voulut rien modifier dans les règlements !

Bien plus, on réduisit le nombre des zaptiés d'un bon tiers, sous prétexte que les fahksidars pouvaient effectuer les recouvrements en s'abstenant de requérir la force publique.

Ce système produisit aussitôt des résultats désastreux.

Le montant des recettes, provenant de l'impôt foncier et de l'exonération militaire, qui produisait auparavant 1,600,000 piastres par mois, n'a fourni, pour les mois derniers de mars et d'avril, que 400,000 piastres, au lieu de 3,200,000 prévues.

Les recettes du vilayet, loin de progresser, diminuent. Cependant, la Sublime-Porte et les ministères ne cessent d'exiger des envois de numéraire. Les allocations, que le vilayet doit solder pour l'entretien du 5e corps d'armée, s'élèvent à plusieurs millions. Nous avons cependant à payer les retraites et les appointements des employés, retraites et appointements depuis longtemps arriérés.

Les réductions opérées sur la solde des employés nous créent des embarras de toute sorte.

On a également réduit de beaucoup le nombre des fonctionnaires. Ceux qui sont restés en place n'arrivent pas, malgré un labeur triplé, à suffire à la besogne ; et, n'ayant que des émoluments insuffisants, se laissent entraîner à des actes de corruption.

On avait établi que la Syrie, par suite de l'extension de son territoire et de la densité de sa population, aurait un corps de 5 à 6,000 zaptiés. On avait prévu, pour l'entretien de ce corps, dix millions de piastres. Or l'effectif des zaptiés a été réduit par moi à 2,400. Et j'ai prévu, pour la police et les zaptiés, la somme de huit millions de piastres. Il est vrai que j'ai demandé, en proposant ces réductions, que les forces militaires fussent mises en mouvement à toute réquisition des autorités civiles.

Mais cette faculté de réquisitionner est lettre morte, aujourd'hui, par suite du malheureux différend qui a surgi entre les fonctionnaires civils et les chefs de l'armée. Les commandants des bataillons des mufrégés ont reçu l'ordre de ne prêter leur appui aux autorités civiles qu'au cas où celles-ci seraient munies de l'autorisation du muchir (général en

chef). L'élément militaire oppose un refus systémati-
que à toutes les demandes civiles, même quand la
nécessité de l'intervention armée est des plus justifiées.

L'année passée, il a été décidé, après accord entre
le muchir et moi, de sévir à l'encontre d'un certain
Rizké, principal chef des Ansariés. Rizké, depuis
trois ans, avec des bandes d'insurgés, se livrait au
pillage et à l'assassinat dans les villages du Kalaat-
el-Kandak, contrée située entre Alep et la Syrie.

Dans une tournée d'inspection, j'organisai, en vue
de capturer les malfaiteurs, une colonne composée
de zaptiés, de quatre escadrons d'infanterie montée
et d'un petit corps de cavalerie détaché de la garnison de Hama. Nous réussîmes à cerner les insurgés,
à confisquer leurs biens qui furent destinés à être
vendus afin de solder les impôts arriérés et de distribuer des dommages-intérêts aux populations mises
à mal.

Tout à coup, le muchir donna l'ordre aux soldats
de se retirer. Les biens confisqués sur les bandits
restèrent entre les mains de ceux-ci, qui, de plus
belle, recommencèrent leur vie criminelle.

Malgré cela, j'ai pu obtenir ultérieurement, par
voie de négociations, la soumission des bandes de
Rizké.

Il avait été décidé, au su du muchir, que les
Bédouins soumis, dans le district de Homs, seraient
protégés contre les agressions des tribus insou-
mises, telles que les Sebaya, les Hadeïdé et les
Latrib. Un cas d'invasion, au préjudice des soumis
et de la part des insoumis, s'étant présenté, le
muchir refusa nettement, malgré mes instances
réitérées, d'envoyer des renforts de soldats aux

gendarmes qui s'efforçaient vainement d'arrêter les désordres.

Quelque temps après, aux environs de Karaïtan, le muchir, en tournée d'inspection, put constater, de ses propres yeux, l'insuffisance d'un escadron de gendarmerie et de quelques cavaliers acceptant le combat avec dix mille Bédouins...

Le muchir refusa d'engager ses troupes et il avait cependant à sa disposition un corps de mufrégés.

Heureusement, le combat tourna à l'avantage des nôtres. Deux des chefs bédouins furent tués ; le reste tourna bride.

Pendant la lutte, le muchir, la longue-vue à l'œil, suivait, entouré de soldats, les mouvements des combattants sans vouloir prendre part au combat.

Je n'ai pas besoin de dire que cette attitude du muchir fut sévèrement jugée par les Bédouins soumis.

A Homs, les soldats se mirent à chasser, à coups de fusil, les chrétiens. Le muchir était présent. Sans demander d'explications, il continua son chemin avec beaucoup de tranquillité. Les habitants furent exaspérés par cette indifférence.

Il est donc d'une absolue nécessité que l'autorité militaire soit, dorénavant, soumise à l'autorité civile, afin d'éviter des tiraillements préjudiciables au prestige de l'Etat et à la sécurité des populations.

Comme dernier mot, je crois devoir dire qu'à mon avis les modifications apportées dernièrement, aux traitements des mutassarifs (gouverneurs) et des mussabédgis (trésoriers) sont inopportunes. De tels fonctionnaires ne devraient pas être mal payés, au moment où l'on augmente les traitements suffisants de certains employés.

Je charge mon envoyé, Raïff-Effendi, de développer les considérations ci-dessus, en y joignant des informations qu'il devra soumettre verbalement.

Damas, le 20 juin 1880.

MIDHAT.

CHAPITRE XIII

J'ÉCRIS A M. GLADSTONE. — MIDHAT EST ENVOYÉ A SMYRNE. — VOYAGE MOUVEMENTÉ.

Nous avons constaté, précédemment, que M. Gladstone, s'était rangé parmi les adversaires déclarés de Midhat. Le *great old man* osa même dire, dans une discussion à la Chambre des communes, le 22 juillet 1880 : « Parmi les noms des hommes d'Etat ottomans, celui qui, au sentiment des sujets du Sultan, paraît le plus répugnant et le plus formidable est le nom de Midhat-Pacha ! »

Mon indignation fut extrême, quand je lus cela ; et je répondis par la lettre suivante, adressée aux journaux de Londres :

Les paroles que l'honorable M. Gladstone vient de prononcer à la Chambre des communes, constituent une atteinte sérieuse à la réputation d'un homme que l'immense majorité des sujets ottomans vénère, à la réputation de S. A. Midhat-Pacha.

Tout Ottoman soucieux de la prospérité de son pays a le droit de protester contre des assertions qui tendent à flétrir la renommée du régénérateur de l'empire des kalifes.

Je viens donc, usant de ce droit, vous prier de bien vouloir accorder, dans les colonnes de votre journal, un peu d'espace à la présente, qui prouvera que l'illustre leader du parti libéral anglais a été induit en erreur par suite de renseignements inexacts.

Midhat est toujours l'homme en qui les populations ottomanes voient le seul vizir apte à faire revivre, au moyen de sages réformes, l'antique splendeur de l'empire des sultans.

L'honorable M. Gladstone a affirmé le 12 juillet à la Chambre des Communes qu'il n'existait pas, au sentiment des Ottomans, de nom plus répugnant que celui de Midhat. Deux jours après, M. Gladstone, dans une lettre adressée à M. Austin — lettre insérée dans le *Morning Post* — déclarait que son information relative à Midhat-Pacha se basait « sur des renseignements fournis par des personnes appartenant à différentes races et à même de savoir ».

Comment M. Gladstone, dont je ne saurais nier la valeur politique et la pénétration, a-t-il pu diffamer le vali de Syrie en s'appuyant sur des témoignages anonymes ?

Quelles sont ces personnes « à même de savoir » à qui M. Gladstone se réfère ? Est-il impossible de les désigner ? Et — si on ne peut les nommer — d'indiquer au moins leur pays ?

Se trouve-t-on en face de gens impartiaux, instruits, probes, agissant avec réflexion, ou vis-à-vis d'hommes aveuglés par la passion, de fauteurs de scandale, de mécontents sans aveu ? *That is the question !*

Encore si les correspondants de M. Gladstone précisaient des griefs à l'encontre de Midhat ! Mais non ! La diffamation a un caractère vague ne permettant d'opposer aucun fait, d'élucider aucune question !

Je sais que les traits les plus acérés s'émoussent sur la triple cuirasse que donne une juste et haute renommée. Cette cuirasse Midhat la porte !... Je sais que M. Gladstone, malgré ses talents, peut se trouver circonvenu, qu'on peut abuser de sa crédule bonne foi.

Mais je veux également croire que M. Gladstone écoute volontiers un témoignage contradictoire, surtout si ce témoignage est empreint de vérité !

Et la vérité la voici :

Midhat n'est pas abhorré ! Il est populaire !

Il jouit de la confiance illimitée de tous les rayas ! Il en jouit parce que ses concitoyens l'ont vu à l'œuvre ! Midhat, en qualité de gouverneur général, a organisé les vilayets du Danube, de Bagdad, de Salonique ; en qualité de grand vizir, s'est efforcé d'arrêter son pays sur la pente désastreuse au bas de laquelle s'approfondit l'abîme !

Il a voulu doter son pays d'une Constitution, afin que les formes libérales permissent à la Turquie, à l'instar des autres contrées civilisées du monde, le développement du bien-être.

Gouverneur, ministre, grand vizir, aux yeux des Ottomans Midhat a bien mérité de la patrie ! Midhat n'est pas exécré !

La conduite présente de Midhat, en Syrie, n'est-elle donc pas admirable ? Malgré des obstacles de toute sorte, il réorganise la région avec droiture et énergie. Certes, il n'a pas tout accompli. Mais peut-on tout réorganiser en moins d'une année ? Hercule, quoiqu'il fût un dieu, mit du temps à nettoyer les écuries d'Augias !

Que de fruits déjà sont récoltés en Syrie ! Des

routes qui, hier, n'existaient pas, offrent, de tous
côtés, d'immenses communications au commerce.
Le nombre de bureaux postaux est décuplé. Chaque
jour un abus est supprimé. Le brigandage n'existe
plus. Dernièrement, le cabinet de Londres indiquait
la conduite de Midhat comme un modèle que les
gouverneurs ottomans devraient s'empresser de
copier.

M. Gladstone est populaire parmi nous. Son nom,
ici, est béni toutes les fois qu'il prend la parole en
faveur des rayas, qui sont si souvent opprimés par
l'arbitraire des fonctionnaires. M. Gladstone est
libéral et, par cela même, nous l'estimons ! Comment se fait-il donc que M. Gladstone diffame un
homme comme Midhat dont chaque pas est une
preuve de libéralisme, et qui est — je l'ai constaté
cent fois moi-même — des plus estimés par le peuple
anglais ? M. Gladstone ne tombe-t-il pas, dès lors,
en contradiction avec lui-même ? Ne marche-t-il pas
à l'encontre du sentiment de son pays, de son parti ?

M. Gladstone ajoute que le nom de Midhat est
formidable ! Qu'est-ce que cela veut dire ?

M. Gladstone pourrait sans doute, grâce à son
influence, aider à ce que l'on accordât, en Turquie,
à des hommes comme Midhat, une extension de
pouvoirs. M. Gladstone rendrait ainsi le plus signalé
service à la cause de la liberté.

. . . .

M. Gladstone, depuis lors, s'est tu.

Mais revenons à la mission confiée, par
Midhat, à Raïff-Effendi.

Les premiers télégrammes que Midhat
reçoit de Constantinople, sont extrêmement

flatteurs. Sa Majesté Impériale a fait le plus bienveillant accueil à Raïff. Elle a pris connaissance, avec vif intérêt, du rapport. Elle approuve, avec enthousiasme, les idées émises par Midhat et les plans que celui-ci propose en vue de décréter les réformes. Elle donne, à peu près formellement, la promesse que tout ce que demande Midhat sera accordé.

D'autres dépêches arrivent... Le rapport a été soumis au Conseil des ministres... Grâce à l'appui de Sa Majesté Impériale, il y a tout lieu d'espérer une solution favorable.

Puis, voici les lettres. Les premières ne tarissent pas en éloges envers Midhat. Sa Majesté Impériale a exprimé sa bienveillance particulière pour le vali de Syrie !... Le Sultan traite Raïff avec une cordialité sans exemple !...

J'ai de la méfiance... Quand on répand du miel sur le sol, c'est que l'on y a préparé quelque traquenard. Je communique à Midhat mes doutes. Cette fois, le bon Midhat n'est pas clairvoyant !... Il me répond :

— Mon enfant, depuis quelque temps, tu ne vois, autour de nous, que pièges, embûches, traîtres, espions !... Tu soupçonnes Raïff, dont je connais l'honorabilité !... Tu devrais éloigner de ton esprit toutes ces craintes au sujet de notre envoyé à Constantinople !... Je suis bien tranquille sur les résultats !

— Altesse, Dieu fasse que je soupçonne à tort !...

Deux mois se sont écoulés depuis le départ de Raïff... Quelques phrases évasives, aucun résultat positif, voilà ce que nous obtenons à Constantinople !

J'arrive à Beyrout, où je dois régler quelques affaires avec le corps consulaire...

J'apprends qu'un muchir vient d'être envoyé à Damas, d'ordre de Sa Majesté Impériale, avec mission d'inspecter les troupes et de réorganiser l'administration militaire au moyen de nouveaux règlements... On attend ce muchir à Beyrout...

Je comprends tout ! Raïff, près du Sultan, a desservi Midhat !... Je télégraphie aussitôt, en chiffre, à Midhat, de se mettre en garde...

Le muchir arrive. Je vais le voir. Il me reçoit assez cordialement ; mais ne me répond que par monosyllabes !... Je lui demande en quoi le nouveau règlement diffère de l'ancien ; il change brusquement de conversation.

Le lendemain, le muchir part pour le Liban, en prétextant une visite à faire à S. Exc. Rustem-Pacha, gouverneur.

Je m'efforce de savoir ce qu'ont pu concerter ces deux personnages. J'apprends que le muchir a demandé à Rustem : « Pouvez-vous.

en cas de troubles à Damas, vous rendre garant de la tranquillité en Syrie ? » Rustem a répondu affirmativement : et le muchir est parti pour Damas.

Je télégraphie de nouveau à Midhat. Je lui dis, toujours en chiffre, que Raïff a dû, à Constantinople, répandre les insinuations les plus calomnieuses envers lui, Midhat, c'est-à-dire a parlé du bruit que Midhat préparait un soulèvement de la Syrie et voulait se déclarer indépendant, et le reste... J'ajoute que, selon mon avis, le muchir allait, à Damas, s'assurer que les troupes obéiraient à ses ordres, à lui, muchir ; que celui-ci prendrait possession de la direction du gouvernement du vilayet, en ne laissant à Midhat qu'un titre vain de vali...

Je rentre, au plus vite, à Damas... Midhat vient de recevoir une dépêche lui annonçant qu'il est transféré, à Smyrne, en qualité de gouverneur général et qu'il est remplacé, à Damas, par Hamdy-Pacha, le gouverneur général de Smyrne,

Le bon Midhat croit volontiers aux explications qu'on lui fournit à ce sujet : « Sa Majesté Impériale, effrayée par la mauvaise tournure que prennent les affaires à Smyrne — brigandage dans les campagnes, spécialement dans les environs d'Aïdin, crimes dans les villes — voit, dans Midhat-Pacha, le seul homme capable de rétablir, dans le vilayet de Smyrne, l'ordre et la tranquillité. »

J'avoue que cela ne me convainc pas !... Au contraire !

Quoi ! Dix jours après la réception des promesses formelles, des éloges transmis de Constantinople par Raïff, au moment même où nous préparons les décrets relatifs à la promulgation des réformes en Syrie, on donne à Midhat un changement de résidence !

Si Hamdy-Pacha ne déploie pas les talents nécessaires à gouverner le vilayet de Smyrne, comment lui confie-t-on le vilayet de Damas, beaucoup plus important eu égard à l'étendue territoriale, à la densité de la population, au genre très spécial des affaires à traiter ?

Nouvelle dépêche !... Le navire *Izzédin* est mis à la disposition de Midhat afin de le conduire de Beyrout à Smyrne. Un aide de camp est à bord, et doit recevoir Midhat et l'accompagner à la nouvelle résidence.

A ce coup, le dernier doute disparaît de mon esprit. Je fais mon possible pour dissuader Midhat d'accepter ; Je lui conseille de prendre simplement le bateau des « Messageries »... J'explique la machination que j'entrevois...

Le Pacha me répond :

— Mon fils, pas de chimères !... Tu vas partir avec moi !... Tu donneras ta démission

de directeur politique du vilayet de Syrie !...
Tu ne me quitteras pas !... Promets-moi de
ne pas me quitter !...

Nous partons pour Beyrout.

L'*Izzédin* entre au port. Midhat fait appeler
le commandant et lui parle en présence de
l'aide de camp du Sultan et devant moi.

— Commandant, sachez, qu'en partant d'ici,
j'entends aller directement à Smyrne, sans
relâche dans aucun port. Fournissez-vous
donc de tout le charbon et de tous les vivres
nécessaires !... M'avez-vous bien compris ?

— Altesse, j'ai une provision de combustible
qui pourrait nous conduire à Constantinople et
tout ce qu'il faut comme subsistances.

Le soir, je réunis les domestiques de Midhat.
Je leur distribue des armes. Je leur enjoins
de veiller sur le Pacha, de ne pas perdre de
vue le commandant, d'être toujours en éveil
et de se tenir prêts à obéir à mon moindre
signal.

Je me réserve de *filer* le colonel aide de
camp. S'il eût fait le moindre mouvement
agressif contre Midhat, l'affaire de cet officier
était réglée !...

Au moment du départ, la population de
Beyrout fait à Midhat une chaleureuse
ovation.

A **bord**, sans demander la permission du

commandant, je choisis, pour m'y installer, la cabine qui domine le pont. De là, je vois tout. Le commandant oppose des objections. Je lui déclare carrément que je ne bouge pas.

Le commandant va se plaindre à Midhat... Celui-ci cède à mes prières. Sans doute, il a compris le but que je poursuis.

— Commandant, puisque Vassif-Effendi ne veut pas un meilleur abri, laissez-le !...

Puis, se tournant vers moi :

— Si tu es mal logé, tant pis pour toi !

La nuit entière, je veille et je surveille...

Et, par moment, je pense à ma femme qu'il a fallu laisser seule à Damas, et je crains pour elle !

La mer est calme ! La nuit est claire. Et, cependant, le navire diminue sa vitesse... Pourquoi ?... Je préviens les domestiques d'ouvrir l'œil de plus en plus !...

Vers neuf heures du soir, Midhat s'est retiré dans l'appartement qui lui a été préparé. C'est de ce côté que je rôde incessamment...

Vers onze heures, le navire s'arrête...

Des hommes de l'équipage, armés de haches, réduisent en morceaux le beaupré... Qu'est-ce que cela veut dire ?

Je leur demande des explications.

— Effendi, c'est pour faire du feu !

— Comment cela ?

— Oui ! Nous n'avons plus de charbon ; et la machine ne peut pas fonctionner !

J'aborde le pilote :

— Où est le commandant ?

— Effendi, il dort !

Je frappe violemment à la porte de la cabine du commandant. Il m'ouvre ahuri ou feignant de l'être.

— Comment se fait-il que nous soyons sans charbon ?

— Effendi, ce n'est pas ma faute ! Le mécanicien m'avait affirmé que nos soutes étaient pleines !... Cela n'était pas vrai !... Alors, j'ai ordonné de débiter le beaupré !

Je vais réveiller l'aide de camp.

— Colonel, nous sommes en pleine mer, sans un kilo de combustible !...

— Ah ! je vais parler au commandant !

Le colonel, dans le plus simple costume possible, monte sur le pont. Le commandant répète :

— C'est la faute au mécanicien !

Je réveille Midhat... Midhat, en regardant bien en face le colonel aide de camp, lui dit :

— Voici un exemple probant de la désorganisation de notre administration !... J'espère que vous conterez cela à Sa Majesté Impériale !

Puis se tournant vers le commandant :

— Quant à vous, commandant, vous mériteriez de subir en compagnie de votre mécanicien,

un châtiment que je ne veux pas préciser !...
Si j'étais ministre de la marine, je vous ferais
bientôt rendre compte de votre impéritie, qui
met en jeu l'honneur du pavillon, la vie des
gens et le bien public ! D'ailleurs, rien ne
m'étonne plus quand il s'agit de notre administration !... Voilà comment nous sommes
gouvernés !

Ces derniers mots font rougir l'aide de
camp !... Est-ce par suite d'un sentiment de
honte... ou de rage ?

Il faut dire que l'*Izzédin* — le fatal *Izzédin*
— n'est pas un navire marchant à vapeur et à
voile. Il n'est pas gréé pour la voile. Malgré
cela, on installe, plus ou moins correctement,
un foc au mât d'avant. Nous cheminons tout
doucement, en nous dirigeant vers la terre
qu'on voit à l'horizon.

Nous filons une amarre près d'un village.
Nous descendons, le colonel et moi, en vue
d'acheter du charbon. Quel pauvre village !...
L'autorité est représentée par un seul zaptié
déguenillé. Le pauvre diable répond à nos
questions :

— Il n'existe ici ni charbon, ni bois de
chauffage, ni bureau télégraphique. Il faut de
trente à quarante heures pour qu'un piéton
rejoigne Marmoritza, où existent un dépôt de
charbon et une ligne télégraphique.

— Eh bien, dis-je au colonel, écrivons à Marmoritza !

Pour trouver une plume et du papier, nous entrons dans la boutique de l'épicier... Quelle boutique, mon Dieu !

L'aide de camp remet la lettre au gendarme.

— Faites porter immédiatement cela par un cavalier auquel vous direz de se presser...

— Mais, mon colonel, il n'existe pas de cheval dans la localité !...

— Envoyez le piéton !

Nous rentrons à bord. Le Pacha, informé, n'est pas content.

Je me promène en maugréant sur le pont.

Je vois, fort loin, une fumée... Sans doute quelque bateau allant de Rhodes à Tripoli... Je préviens Midhat :

— Altesse, ordonnez qu'on mette à ma disposition un canot avec six bons rameurs. Je vais me munir de signaux !... Ce navire, apercevant le canot et les signaux, s'arrêtera !...

— Mais, penses-tu que le capitaine pourra te fournir du charbon ?

— Monseigneur, on peut tenter !

Je charge le canot de pavillons et de fusées... Nous *nageons* rapidement !... Le capitaine du navire inconnu nous aperçoit et, afin de nous faire comprendre qu'il nous a vus, hisse son pavillon. Ce sont les couleurs britanniques !...

Je grimpe à bord. J'expose en anglais les faits.

Le capitaine offre le type du loup de mer anglo-saxon.

Il m'écoute en souriant, et, lorsqu'il apprend que c'est Midhat-Pacha qui réquiert du charbon, fait appeler le mécanicien et le steward.

— Mécanicien, pouvons-nous céder plusieurs tonnes de charbon ?... Steward, apportez la bouteille de brandy !

Puis, m'adressant la parole :

— Cher monsieur, vous aurez autant de tonnes de newcastle que vous boirez de verres de cognac !

Je fais le calcul qu'il nous faut, à bord de l'*Izzédin*, de cinq à six tonnes pour arriver à Marmoritza. Je demande dix tonnes... Abondance ne nuit pas !... Et j'avale dix verres de brandy, coup sur coup.

Le brave Anglais est ému, et se jette dans mes bras.

Cette manière de négocier en trinquant amuse Midhat, lorsque je la lui raconte.

Nous nous remettons en route, vers les cinq heures de l'après-midi.

Nous arrivons à Marmoritza à huit heures...

Le gouverneur de la ville, le directeur de l'arsenal, le chef de la gendarmerie, toutes les autorités du pays se précipitent à bord...

— Est-ce que S. A. Midhat-Pacha est là ?

— Oui !

Notre réponse affirmative étonne.

En effet, le « Palais », n'ayant aucune nouvelle de l'*Izzédin*, avait supposé que Midhat, pris de soupçons, s'était fait conduire hors du territoire turc... Et le « Palais » avait expédié dépêches sur dépêches, afin de savoir à quoi s'en tenir.

Midhat, l'aide de camp et le commandant télégraphient dans le but d'informer le Sultan, le grand vizir et le ministre de la marine.

Le lendemain, dès l'aube, on charge, à Marmoritza, du charbon, et nous nous dirigeons vers l'île de Chios.

Je regrette de ne plus me souvenir du nom du commandant de l'*Izzédin*... Ce pauvre homme est-il mort ? Est-il amiral ? Il est possible, probable même, qu'il est amiral !

A Chios, je conseille à Midhat de ne pas repartir le soir même, de ne pas naviguer de nuit. Il est vrai que nous avons, à bord, Achmet-Aga, vieux pilote instruit... Mais, avec un commandant comme le nôtre !... Et puis, le colonel dont il est bon de se méfier !...

Enfin, nous abordons à Smyrne, nous nous ancrons, le long du quai, juste en face du palais, résidence du gouverneur général.

CHAPITRE XIV

MIDHAT GOUVERNEUR GÉNÉRAL DE SMYRNE. — LET-
TRE CONFIDENTIELLE QUI M'EST ADRESSÉE DE CONS-
TANTINOPLE. — UN AIDE DE CAMP DU SULTAN. —
LES ÉVÉNEMENTS SE PRÉCIPITENT.

Nous débarquons au milieu des acclamations
des populations musulmane, chrétienne et
israélite !... « Vive Midhat ! Hourrah pour le
vali juste et bon ! » Et toutes les autorités
sont en grand uniforme, et le canon tonne.

Les notables présentent leurs compliments :

— Altesse, vous allez réorganiser le pays !...
Vous allez nous délivrer du brigandage !...
Nous sommes fiers et heureux de vous voir
chef du vilayet !...

En général, dans les réceptions d'un haut
fonctionnaire, le silence, en Turquie, est de
rigueur. Mais, dès qu'il s'est agi de Midhat,
il n'en fut jamais ainsi. C'est pourquoi j'ai
noté avec soin les ovations que Midhat a reçues
partout !

Au palais, présentation des fonctionnaires.
Le firman est lu le lendemain ; et, le surlendemain, Midhat reçoit le corps consulaire,

les personnages haut placés et les étrangers de marque.

Après la lecture du firman, Midhat prononce une allocution.

— Messieurs, je suis heureux, grâce à la volonté de Sa Majesté Impériale, de me trouver parmi vous.

« Avant tout, permettez-moi de vous remercier au sujet de l'accueil bienveillant que vous m'avez fait, et des acclamations qui ont retenti au moment de mon débarquement.

« Messsieurs, je vais tenir le gouvernail ; mais un vaisseau ne navigue bien qu'à la condition de posséder des matelots instruits. Ces matelots, c'est vous, fonctionnaires grands et petits !... Gare à ceux qui ne feront pas leur devoir consciencieusement !... Je les écraserai !... D'autre part, ceux qui travailleront honnêtement et activement seront bientôt récompensés par des promotions et des décorations. Il faut que la barque aille droit !

« J'apprends que la sécurité publique, ici, laisse beaucoup à désirer, que des méfaits, des brigandages sont, dans la ville même commis chaque jour. Cela m'attriste ! Je puis, toutefois, vous affirmer que cet état de choses ne durera pas longtemps !.... La police fera son devoir !... D'autant plus que j'aurai constamment l'œil fixé sur elle.

« Ma tâche est difficile, mais je l'accomplirai sans défaillance, ne fût-ce que pour me montrer digne de l'ovation avec laquelle vous m'avez accueilli ! »

La gendarmerie et la police sont réorganisées sans retard. On pend, sur la place publique de Smyrne, deux ou trois brigands pris et condamnés à mort. Au bout de trois mois, l'ordre est complètement rétabli dans la ville, les faubourgs et le territoire entier du vilayet... Les voyageurs circulent sans crainte aucune d'être détroussés sur les grand'routes ; le commerce refleurit.

Midhat inspecte les tribunaux, visite les prisons, surveille le fonctionnement de l'administration.

Il fait ouvrir de nouvelle voies de communication, construire des ponts et ordonne de commencer les travaux nécessaires à fournir les plans géodésiques de la province et parcellaires de Smyrne. Il s'intéresse aux débats du corps municipal. Il solutionne le procès pendant entre la municipalité et la « Société du Gaz ». Il décrète l'édification d'un abattoir, trace, dans Smyrne, une nouvelle rue destinée à relier le port et les gares de chemins de fer... En un mot, il déploie, à Smyrne, l'activité merveilleuse dont il fit preuve à Damas, Salonique et Roustchouk.

Lors du tremblement de terre de Chio, il montre la plus grande endurance physique. Depuis l'aube jusqu'au soir tard, il est sur les quais, ou à bord des navires, à presser l'embarquement des planches, des tentes, des médicaments, pains, galettes... Il est le premier à ouvrir une souscription — à la tête de laquelle il s'inscrit largement — en faveur des sinistrés. Il demande et obtient le concours du navire de guerre italien *Vittorio-Emanuele* dans l'œuvre de bienfaisance. Ce navire s'ancre en face des villages détruits de Falumé et Hatopanaya, où les matelots italiens construisent en quarante-huit heures cinquante larges baraquements, abris de centaines de familles. Le médecin du *Vittorio-Emanuele*, le docteur de Sommer, soigne, jour et nuit, les blessés ; le commandant, le baron Corsi, se prodigue (1). Il ne laisse aucun repos à ses hommes et n'en goûte aucun.

Cela, je le vois. Je suis sur place !

Le jour de notre départ, la population, guidée par le clergé, vient remercier le baron Corsi.

Corsi, touché, répond :

— Messieurs, là où il y a de grandes souf-

---

(1) J'ai retrouvé Corsi, en Italie, vice-amiral et sous-secrétaire d'Etat au ministère de la marine. Le baron Corsi est un homme extrêmement remarquable.

frances, vous trouverez, en première ligne, quel que soit le danger, les marins italiens, qui seront heureux de remplir un devoir d'humanité !... Merci pour les vœux de bonheur que vous adressez à mon pays. Vous criez : « Vive l'Italie ! » C'est là un cri que, mes hommes et moi, nous répéterons, avec vous, joyeusement !... Vive l'Italie ! »

Qu'il me soit permis, ici, de dire au baron Corsi combien je garde bon souvenir de l'hospitalité fraternelle qu'il m'a donnée à son bord !

Cependant, Midhat visite, dans tous les sens, le vilayet de Smyrne. Il interroge chaque habitant, écoute les réclamations, prend des notes, surmène son escorte et ses secrétaires...

Je reçois de Constantinople, d'une ambassade, le mot suivant :

« Prenez garde ! Il se trame un complot contre le Pacha et vous. J'ai informé mon brave chef, qui m'a dit de vous prévenir et de vous demander si vous avez eu vent de cette machination. »

Je réponds en demandant de nouvelle informations et sur quoi étaient basés les soupçons.

Le 15 avril, on m'écrit :

— Une conspiration du « Palais », dirigée par Sa Majesté Impériale, veut perdre le Pacha et vous ! Je ne puis rien dire de plus ! Soyez sur vos gardes ! Ne vous laissez pas prendre !

Je préviens Midhat. Il me dit :

— C'est sans doute une mystification...

— Altesse, une ambassade ne se joue pas des gens !... Si cette ambassade m'a écrit, c'est qu'elle est convaincue de ce qu'elle avance !

— Mon enfant, nous n'avons rien à nous reprocher ; et, partant, nous ne craignons personne ! Si l'on veut se débarrasser de moi, je souffrirai moins que ceux qui me feront du mal !

Je crois de mon devoir d'agir. D'abord, je pense utile de surveiller les individus provenant de Constantinople. Je donne l'ordre de demander la présentation des passeports aux voyageurs arrivant du Bosphore, ou, tout au moins, l'exhibition de papiers aptes à l'identification des débarqués.

J'insiste pour que la police prenne note des logements choisis, à Smyrne, par les nouveaux venus ; et j'enjoins aux hôteliers de me communiquer, chaque jour, la liste de ceux qui vont habiter les hôtels ou les quittent.

Au bout de trois jours, un fort intelligent employé de la police accourt me voir.

— Effendi, un monsieur, très correctement habillé en bourgeois, est venu de Constantinople. Quand je lui ai demandé son passeport, il s'est mis à rire impertinemment et m'a répondu : « Je n'ai pas de passeport. » Je repris : « Voulez-vous me donner quelques indications à votre sujet ? » — Il a dit : « Je suis aide de camp de Sa Majesté Impériale !... Et, maintenant, mon brave, *banabak bouhourme !* ».(F...-moi le camp !...)

« Je n'ai pas cru devoir insister... J'aurais pu mettre en état d'arrestation ce monsieur par suite de son outrecuidance... J'ai préféré le faire suivre par un agent sans uniforme, auquel j'ai donné les instructions suivantes : « Filer l'individu ; si celui-ci va dans un hôtel, se loger dans le même hôtel ; possiblement, se lier avec lui ; en tout cas, entrer en conversation avec lui ; me renseigner, au plus vite, sur ses faits et gestes. »

Je félicite l'employé ; et je vais tout exposer à Midhat. Celui-ci se met à rire.

— Mon enfant, il y a erreur ! Quoi ! un aide de camp du Sultan arriverait à Smyrne sans que sa première visite fût pour moi ! Cela n'est pas possible !

Quelques jours se passent...

Midhat est de bonne humeur lorsqu'il parle de la façon dont l'aide de camp a interloqué notre fonctionnaire !

On m'appelle dans mon bureau... Je vois un homme que je ne connaissais pas. Il m'explique qu'il est le policier, vêtu en bougeois, qui file l'aide de camp :

— J'ai suivi l'aide de camp. Je me suis logé au même hôtel. Dès son arrivée, l'aide de camp a revêtu l'uniforme de *yaver* (aide de camp du Sultan) et est allé rendre visite au général commandant en chef, S. Exc. Hilmy-Pacha. Il est resté plus d'une heure en conférence avec Hilmy-Pacha... En sortant de chez celui-ci, il s'est rendu — après avoir repris, à l'hôtel, les habits bourgeois — au bureau télégraphique, et a expédié, au « Palais » de Constantinople, une dépêche chiffrée. Le soir, j'ai pu causer avec lui... Je lui ai dit que j'étais négociant. Il m'invita à prendre le *mastic* ensemble ; et nous sommes les meilleurs amis du monde !

« Je ne puis douter, d'après sa conversation, qu'il ne soit aide de camp de Sa Majesté Impériale.

« Il boit volontiers.

« Le lendemain de son arrivée, il désira visiter la ville en ma compagnie.

« Hier matin, je suis entré dans sa chambre. Il consultait des documents chiffrés. Je lui dis : Ces paperasses sont des comptes, n'est-ce pas ? Mais quelle singulière forme de comptabilité.

« Il m'invita à déjeuner. En se levant de table, il me dit : « Pardon, mais il faut que j'aille voir le général en chef... A ce soir !...

« Effectivement, il se rendit chez le général, et ensuite rentra et écrivit des dépêches chiffrées qu'il porta au télégraphe.

« Le soir, je lui offris des liqueurs. Il se grisa complètement... J'aurais pu dérober son chiffre sans qu'il s'en aperçût...

« Il me dit : Vous saurez, un jour ou l'autre, qui je suis, mon cher. Si ce jour-là vous avez besoin de protection, venez me voir !

« Puis il s'endormit et je le quittai... »

Je félicite le policier.

— Mon ami, vous vous comportez fort bien !... Continuez à me tenir au courant ! Allez dire au chef de la police qu'il envoie, au débarcadère des navires, un de vos collègues muni d'instructions semblables à celles que vous avez reçues... Je tiendrai bon compte de vos services !...

— Merci, Excellence !... Voulez-vous que je prenne le chiffre ?

— Nous verrons cela plus tard !...

Le policier me remet, par écrit, son rapport. Je me décide d'appeler, immédiatement, l'inspecteur des télégraphes afin de savoir si réellement des dépêches chiffrées étaient journellement envoyées au « Palais ». Cet inspecteur, M. Antonovitch — grand admirateur de Midhat et un de mes plus intimes amis — me confirme le fait. — « Bien plus, ajoute-t-il, l'officier qui télégraphie à Constantinople a le droit de se servir du fil spécial réservé au gouvernement. Cet homme a le regard sournois, pas le regard d'un officier brave et loyal ! »

Je porte, sans tarder, à Midhat, dont le front se couvre de rides soucieuses, le rapport de police.

— Mon enfant, avez-vous pu contrôler quelques faits insérés dans ce rapport ?

— Altesse, oui !... Antonovitch sort de mon bureau et a tout confirmé au sujet des dépêches...

— Ah !... Quels ordres avez-vous donnés ?

— Qu'on ne quitte pas une minute la surveillance exercée sur la personne...

— Bien !... Il faut croire que ce monsieur a été chargé d'une mission exclusivement militaire !... Toutefois, il aurait dû me rendre visite !... Je parlerai de cela, dès demain, au général en chef...

Le lendemain, vers midi, on annonce la visite de Riza-Bey, l'aide de camp. Midhat le reçoit en me faisant rester dans la chambre.

Après l'échange des compliments d'usage et de quelques phrases banales, Midhat dit :

— Colonel, depuis combien de temps êtes-vous à Smyrne ?

— Depuis hier, Altesse !

— Ah !... Combien de temps pensez-vous

rester ici ? Cela dépendra probablement des résultats de votre mission !...

— Evidemment ! Je m'occupe, avec le général en chef, de la question de fortifier Smyrne...

Midhat se lève, ce qui indique que l'audience est finie.

Quand Riza est parti, je demande à Midhat :

— Monseigneur, que pensez-vous de tout cela ?

— Cet aide de camp me semble un imbécile ! Allez, demain, voir le général, et demandez-lui si effectivement on a l'idée de fortifier Smyrne.

A l'heure voulue, je me rends chez le général, et, tout en humant du café et fumant des cigarettes :

— Général, Riza-Bey, lieutenant-colonel, aide de camp de Sa Majesté Impériale, a rendu visite à S. A. Midhat et a parlé de projets relatifs à doter Smyrne de remparts...

— Oui ! oui !

Le général semble très embarrassé et change de conversation.

Hilmy-Pacha est loyal. Je sais qu'il ne tremperait pas dans une infamie. Devant son trouble, je ne veux pas insister.

Je sens, toutefois, qu'on prépare un événement très grave. Je conseille à Midhat de réunir ses papiers, ses documents secrets, et de me les confier, dans le but de les déposer en lieu sûr.

Midhat hésite...

— Nous verrons cela demain, répond-il.

Je rentre chez moi !... De noirs pressentiments m'accablent !... Je ne puis dormir... Dès l'aube, je me présente chez Midhat.... Il était dans le harem !... — « Annoncez-moi quand même ! » On m'introduit dans le harem, où Midhat était avec la Grande-Hanoun...

— Mon enfant, quoi de nouveau ? Comment de si bonne heure ?

J'explique mes idées. Je m'aperçois que la Grande-Hanoun les partage...

Midhat va chercher deux grosses valises. Il trie les papiers écrits en turc et en arabe ; et, sur ses indications, je me livre au même travail sur les documents français, anglais et italiens.

Il fait dire d'annoncer qu'il est souffrant et ne peut, dans la journée, recevoir qui que ce soit.

Nous finissons vers minuit... Les deux valises, remplies de documents choisis, sont fermées, bouclées, cachetées...

Midhat m'embrasse longuement :

— Je te confie ces malles qui contiennent des papiers de la plus haute importance politique !

Mon fils, prends toutes les dispositions nécessaires à les mettre en sûreté. Tu ne les donneras, par la suite, à nul autre qu'à moi ! Si les événements nous séparent, garde les valises !... Un temps viendra où tu pourras les ouvrir !... Et tu raconteras ma vie !... Les documents prouveront des faits jusqu'ici ignorés ! »

— Altesse, je défendrai ce dépôt même au prix de ma vie !

Je porte respectueusement à mes lèvres les mains de la Grande-Hanoun, qui me bénit...

Je prends avec moi le brave Youssouf-Aga, — le domestique dont j'ai déjà parlé — et me voici parti !

Il est utile de faire savoir au lecteur que, derrière le palais de Smyrne, on voit un petit jardin, sur lequel s'ouvre une porte, par laquelle sortent les dames du harem lorsqu'elles ne veulent point passer par la cour d'honneur. Cette porte donne sur une rue déserte. C'est au moyen de cette porte que, Yousouff et moi, nous quittons le palais sans éveiller les soupçons...

Où allons-nous ensuite ? Comment cachons-nous le précieux dépôt ?... Je ne le dirai pas !

La police, cependant, vient nous aviser qu'il se passe, dans la ville, quelque chose d'anormal.

L'aide de camp est resté, la nuit entière, au

bureau télégraphique, à recevoir et à transmettre des dépêches. Il n'est rentré chez lui qu'à
cinq heures du matin. Il est sorti à neuf heures
et demie pour se rendre à la caserne, où il est
encore.

Des cartouches à balle ont été distribuées
aux troupes. Le fait m'est attesté par certain
sergent.

Je vais prévenir Midhat. Il est entouré de
nombreux personnages. Je lui parle à l'oreille.

— Messieurs, dit-il à ceux qui lui rendaient
visite, je vais déjeuner... Nous reprendrons,
aujourd'hui, la discussion relative au recensement...

Nous entrons dans le harem.

— Mon fils, que dis-tu de ce qui arrive ?

— Altesse, je pense que, vous et moi, nous
sommes dans de très mauvais draps ! Je prie
Votre Altesse de se tenir en garde.

Nous décidons de faire venir le policeman.
Je lui donne les ordres suivants :

— Dès que vous verrez un rassemblement
qui vous paraîtra équivoque, à n'importe
quelle heure de jour ou de nuit, accourez me
prévenir. En passant sous ma fenêtre, vous
jeterez une pierre dans le carreau et le brise-
rez... Puis, vous sifflerez trois fois.

Il est dix heures du soir. Je rentre au logis,
où ma femme m'attend avec anxiété...

Elle me questionne !... Je réponds évasivement !... Je n'ose lui confier mes inquiétudes !... Elle est dans un état *intéressant.* Je dois lui éviter toute émotion...

A deux heures du matin, le lundi 1er mai, une pierre casse ma vitre ; trois coups de sifflet retentissent... J'ouvre la porte de la maison... Mon policeman a l'air très effrayé.

— Excellence, le palais est cerné par des troupes, baïonnette au canon !

Je rentre dans ma chambre. Je réveille doucement ma femme :

— Habille-toi !... Dans quelques minutes, sors par la porte du jardin !... Va chez M. Heintzé, le directeur de la Banque Ottomane ! Là, tu auras de mes nouvelles !...

— Mais que se passe-t-il ?

— Rien, sois calme !... Au revoir !

Je franchis vivement la porte du jardin... Le pistolet au poing, je cours au consulat de France, qui se trouve à 200 mètres...

CHAPITRE XV

AU CONSULAT DE FRANCE. — LA FRANCE LIVRE MIDHAT AUX AUTORITÉS OTTOMANES. — JE PUIS ME SAUVER.

La porte du consulat est ouverte. J'entre. Le concierge, qui me connaît, m'apprend que le Pacha est en haut.

En effet, Midhat, au premier étage, **cause** avec M. de Pélissier, consul de France.

En me voyant, Midhat me serre affectueusement contre sa **poitrine** :

— **Je crois**, mon enfant, que les troupes se **sont** soulevées, car on entend le clairon sonner l'alarme. Les soldats, baïonnette au canon, sont partis de la caserne au pas de course. Ils entourent le palais !... En passant par la porte du jardin, j'ai trouvé ma voiture qui allait remiser !... Elle m'a conduit ici !... Et toi, as-tu appris ce qui se passe ?... Comment es-tu venu ici ?

— J'ai été prévenu à temps, Altesse, qu'un détachement se dirigeait vers ma maison, dans l'intention évidente de procéder à mon arrestation !... Et, comme le consulat de France n'est qu'à deux pas, j'ai pu m'y réfugier !

M. de Pélissier murmure :

— Oui ! Oui ! C'est une sorte de révolte perpétrée par la troupe !...

Midhat l'interrompt :

— Nous verrons cela !... Mais, en attendant Monsieur le consul, je pense qu'il est utile que vous convoquiez vos collègues !...

A midi, le corps consulaire, au complet, est réuni. On dresse procès-verbal des événements ; et Midhat et moi, nous nous plaçons sous la protection des puissances.

Le général commandant la place a su, par le moyen de ses espions, que nous sommes au consulat de France. Il fait cerner le consulat à l'aide de trois bataillons.

Une proclamation annonce la nomination du général en qualité de gouverneur de la province et en remplacement de **Midhat-Pacha**.

Le 12 mai, à sept heures du soir, Midhat reçoit le télégramme suivant :

De la part de S. Exc. le ministre de la justice.

Si la nouvelle que vous vous êtes réfugié au consulat de France ne m'eût été communiquée officiellement, je n'y aurais pas ajouté foi et j'aurais encore moins cru que vous avez produit certaines objections. Il m'est rapporté, en effet, que vous avez déclaré ne pas vouloir vous rendre à Constantinople sans la garantie — fournie par une puissance étrangère — que vous ne serez pas molesté. Les représentants étrangers ne peuvent donner aucune protection à des personnes accusées de crime. Nos tribunaux jouissent, dans le monde entier, de la plus haute réputation d'impartialité. Toutes les formes prescrites par le code de procédure seront observées à votre égard ; les séances seront publiques ; l'arrêt sera rendu selon le droit et la justice. Par une faveur qui vous est spéciale, concédée par S. M. I. le Sultan, notre Auguste Souverain, j'ai l'ordre de me rendre personnellement à Smyrne, accompagné de magistrats et juges d'instruction qui doivent composer une cour dont je dois présider et diriger les actes.

Ainsi que vous le comprenez, votre conduite est contraire à l'honneur de la justice, honneur que nous devons tous respecter. Ne persistez pas dans vos demandes et télégraphiez-moi si vous êtes enfin disposé à vous soumettre aux lois.

DJEVEDET.

Midhat répondit, le 14 mai :

J'ai lu le télégramme que vous m'avez fait le plaisir de m'adresser en date d'hier soir. Votre Excellence m'affirme avoir été étonnée que moi — moi dévoué serviteur de la nation et de Sa Majesté Impériale, moi qui prouve ma fidélité à chaque instant de ma vie, par le travail et les sacrifices — avoir été étonnée, dis-je, de me voir chercher un refuge au consulat général de France lorsqu'elle se préparait à venir à Smyrne m'interroger au sujet de certains faits.

Si quelqu'un doit être étonné, c'est moi, à coup sûr ! Et ma stupéfaction est extrême.

Mon cœur saigne en constatant l'appréciation

erronée que l'on donne aux ordres généreux et sages de Sa Majesté Impériale. Quand vous saurez les faits, certes, vous les jugerez autrement que vous le faites. Il y a une semaine, à peu près, est arrivé un yaver de Sa Majesté Impériale. Cet officier, au lieu de se présenter chez le gouverneur général — qui détient le pouvoir par mandat de Sa Majesté Impériale — s'est livré à des investigations mystérieuses et passe les nuits à échanger, avec je ne sais qui, à Constantinople, des dépêches chiffrées. Pendant ce temps-là, on fait circuler sur moi les bruits les plus extravagants ; on jette la perturbation dans les esprits.

Puis, arrive un second yaver qui, d'accord ou non avec son collègue, se livre à d'égales investigations secrètes. Quand le premier yaver se présente chez moi, au bout d'une semaine, il me déclare être arrivé la veille ! Ces agissements doivent être sévèrement jugés ! Rassuré cependant par ma conscience, sûr de mon dévouement à Sa Majesté Impériale, je reste quand même à mon poste.

Mais, tout à coup, à deux heures du matin, pendant que je suis couché tranquillement, la trompette sonne. Les bataillons, baïonnette au canon, entourent ma résidence. Celle-ci est envahie par des soldats guidés par le yaver et par le général commandant la place.

Devant ces violences, que rien ne pouvait justifier, le plus simple bon sens m'indiquait qu'il me fallait gagner du temps en vue de réunir les moyens aptes à me justifier ! Voilà les raisons qui m'ont conduites au consulat de France.

Certains mauvais conseillers ont dicté des mesures qui n'appartiennent à aucune justice et qui ne sont pas dignes du pays.

Enfin, de quel crime m'accusez-vous ?

Ai-je jamais refusé d'obéir à un ordre de Sa Majesté Impériale. Ai-je jamais refusé de me rendre à un appel du premier ministre ? Quelle démarche, quelle parole, quel acte, de ma part, peut-il légitimer les procédés employés contre moi ?

Je prie, je supplie Votre Excellence, au nom du dévouement et du respect que nous portons, vous et moi, à Sa Majesté Impériale, de mettre sous Ses yeux mes explications afin que Sa Majesté me rende justice.

MIDHAT.

Ainsi, voilà un gouverneur général, investi, par le souverain, de pleins pouvoirs, un gouverneur général en possession de ses fonctions et qu'on traque, de nuit, dans sa résidence officielle, ainsi qu'on traque un malfaiteur dans un repaire !... Puis on lui impute à crime d'avoir cherché, dans des moments de révolte, à s'informer de ce qui se passait, d'avoir cherché à sauver sa propre existence !

En effet, j'ai appris, par les témoignages des domestiques de Midhat, qu'on voulait le tuer ; et, par les témoignages de plusieurs personnes, qu'on avait préparé un procès-verbal déclarant que Midhat avait refusé de se rendre ; avait cherché à se défendre à l'aide de pistolets ; que pour éviter la mort d'officiers et de soldats, il avait été tiré sur Midhat ! — Ce procès-verbal, paraît-il, était dans la poche du yaver.

Ceux qui connaissent comment les choses se passent en Turquie, spécialement quand on croit exécuter un ordre du Sultan, n'élèveront aucune objection contre les témoignages cités plus haut...

Je puis ajouter à l'appui un fait personnel, qui prouve que le yaver était homme à tout tenter. Au moment des pourparlers relatifs à *l'extradition* de Midhat, le yaver me dit : « Dès que je vous aurai entre mes mains, Midhat et toi, je vous ferai voir l'enfer, pour vous forcer à avouer ! » Et je répondis simplement : « Gredin, tu ne me tiens pas encore ! »... Ah ! s'il avait pu, à ce moment, m'ouvrir le ventre avec son sabre !...

Le lecteur me rendra justice. J'ai, dans le présent récit, tout narré en m'imposant le calme le plus complet et sans injure envers ceux que je mettais en scène parmi les ennemis de Midhat et les miens. Si je fais exception — exception légitime ! — en face du yaver, c'est que cet homme mérite incontestablement un traitement spécial.

Cet homme, qui voulait tuer Midhat, dans la perquisition au palais, avait, furieux, enfoncé les portes du harem, souffleté les dames enfermées..., avait commis des actes de bassesse indicible...

Hilmy-Pacha, par contre, s'était montré plein
de dignité et de modération.

Midhat reçoit, cependant, au consulat, une
dépêche de Djeveded, ministre de la justice,
dépêche datée du 15 mai, soir :

Sa Majesté Impériale, notre Auguste Souverain,
dans sa Haute bienveillance, a ordonné que votre
procès sera public. Par conséquent remettez-vous,
sans hésitation, aux autorités.

Midhat répond, le 16, au matin :

Sur la promesse formelle de débats publics, je suis
prêt à me remettre aux autorités. J'avise à cet effet
le général commandant la place, S. Exc. Hilmy-
Pacha.

Quelques minutes plus tard, M. de Pélissier
me fait appeler :

— Mon cher ami, je suis navré par les nouvelles que je reçois, et que je n'ai pas le courage de communiquer à Son Altesse... Je suis
honteux de devoir agir dans les conditions que
mon gouvernement m'impose ! M .Waddington
le ministre des affaires étrangères, m'adjoint
de livrer les réfugiés, qui sont au consulat aux
autorités ottomanes ! Je ne dois présenter
aucune réserve !... M. Tissot, l'ambassadeur de
France à Constantinople, me confirme les instructions venues de Paris !...

— Mon cher consul général, Son Altesse

devait s'attendre à cela ! Il a déjà télégraphié à la justice, à Constantinople, qu'il était prêt à se remettre aux autorités ottomanes... Donc, votre communication ne saurait l'attrister vivement !... Seulement... Seulement, laissez-moi vous dire que je ne m'attendais pas à cela de la part de la chevaleresque nation française !

Je communique à Midhat la décision du gouvernement français. Il dit à demi-voix :

— Ah ! la Tunisie !

Puis, m'attirant dans ses bras !

— Mon enfant, tu n'as plus à suivre ma destinée... Nous devons nous quitter ! Séparés pour séparés, je préfère te savoir libre en Europe, à te savoir emprisonné ici ! Pars !... Prends ce revolver, qui pourra te servir dans ta fuite, et que tu garderas en souvenir de moi !

« Coûte que coûte, ne te fais pas arrêter ! *Tu sais* pourquoi il faut que je te sache libre ! On veut se débarrasser de moi en vue de pouvoir détruire *ce que tu sais !...*

Je réponds :

— Monseigneur, vous savez que je vous ai été toujours fidèle !... Le passé répond de l'avenir !... Comptez entièrement sur moi quels que soient les événements futurs ! En tout cas, si je suis pris dans mon évasion, on ne me prendra pas vivant !... J'ai votre revolver !...

14

Midhat m'envoie dire à M. de Pélissier qu'il est prêt à se livrer aux autorités ottomanes, à quatre heures de l'après-midi. Toutefois, Midhat désire, avant l'heure fixée, s'entretenir avec Hilmy-Pacha.

Ce général arrive bientôt, les yeux remplis de larmes :

— Altesse, quelle fatalité pour moi d'avoir à exécuter un ordre qui me répugne !

— Général, vous êtes soldat et n'avez qu'à obéir aux ordres de vos chefs !... A quatre heures de l'après-midi, je me livrerai à vous ; et vous ferez ce que vous jugerez convenable !... Agissez de façon à n'encourir aucun reproche de vos supérieurs...

— Monseigneur, vos ordres seront exécutés !...

En sortant, Hilmy me serre les mains :

— Vassif-Effendi, la mort serait douce en comparaison de ce que l'on attend de moi ! .

A quatre heures, en présence du corps consulaire entier, on introduit Hilmy-Pacha, suivi des aides de camp du Sultan et de trois colonels. On signe le procès-verbal de la remise de S. A. Midhat-Pacha aux autorités ottomanes. On fait monter Midhat dans une voiture, où prennent également place le général, un yaver et un colonel... Le carrosse est escorté par un escadron de cavaliers sabre au poing...

Et moi ?... J'ai disparu !

Le yaver — l'enragé dont j'ai parlé plus longuement — me cherche du haut en bas de la maison !... Il est stupéfait de ne pas me trouver ! Il rugit !... Il blasphème !...

Qu'importe ! Je suis à bord d'un navire anglais, qui fait route vers Malte !

Comment me suis-je embarqué ?... Je dois garder, à ce sujet, le plus complet silence ! Je ne dois compromettre personne !... Qu'il me suffise de dire que, grâce aux bons soins du consul d'Angleterre, j'ai le bonheur, à bord, d'embrasser ma bonne, chère et digne femme !

La remise de Midhat, par la France, aux autorités ottomanes, fut sévèrement jugée par la presse européenne. Le 28 mai, un journal publia l'article suivant qui fut reproduit partout :

La conduite du gouvernement français à l'égard de Midhat-Pacha est commentée très défavorablement dans les cercles diplomatiques. Il a été affirmé qu'un consul étranger, sur le territoire ottoman, n'avait pas le droit de donner asile. C'est une complète erreur. Non seulement des consuls généraux et des consuls, mais de simples agents consulaires accordent asile ; et cela ne soulève aucune protestation. De plus, il est tout à fait contraire aux habitudes des gouvernements de livrer, sur simple demande, les personnes accusées de délits politiques. Même dans un cas de régicide, il faut qu'il y ait enquête préalable. La France n'a pas agi autrement quand les autorités russes lui demandèrent de livrer Hartmann.

La conduite tenue par la France s'explique uniquement par les faits que signale la *Politische Correspondenz* de Constantinople. Ce journal dit en effet :
« Il n'y a aucune vérité dans l'assertion que le Sul-
« tan voudrait déposer le bey de Tunis. Au con-
« traire, depuis que la France a livré Midhat, les
« relations entre la République et la Sublime-Porte
« se sont modifiées entièrement. Il est certain que
« le Sultan ne soulèvera plus d'objections, ne créera
« plus de difficultés au gouvernement français au
« sujet de la question de Tunis. »

Je comprends, enfin, en lisant cet article, certaine exclamation de Midhat !...

Vous vous souvenez, lecteur, n'est-ce pas ? Quand je lus la dépêche de M. Waddington à Midhat, celui-ci murmura : « Oui ! la Tunisie ! »

CHAPITRE XVI

J'ÉCRIS AU PRÉSIDENT DU TRIBUNAL. — LE PROCÈS
DE MIDHAT. — L'ACTE D'ACCUSATION. — L'AU-
DIENCE DU 27 JUIN.

Quelques jours après mon débarquement en
Italie, j'apprends, par les télégrammes insérés
dans les journaux, que Midhat est inculpé
de complicité dans l'assassinat d'Abd-ul-
Aziz !... Je n'en puis croire mes yeux !

Je me décide à écrire au président du tribunal de Constantinople :

Excellence,

Le soussigné, commandeur Clician-Vassif-Effendi,
ex-directeur politique du vilayet de Syrie et secrétaire de S. A. Midhat-Pacha pendant quinze ans,
croit de son devoir le plus sacré de vous présenter
la déclaration suivante :

Un procès a été intenté à Midhat, c'est-à-dire au
seul homme d'Etat capable d'arrêter l'Empire sur le
chemin de la ruine, et sous prévention d'assassinat
commis sur la personne du sultan Abd-ul-Aziz.

Je viens déposer sous serment, au nom de la
vérité et de la justice, sur ma foi de chrétien et
d'homme d'honneur, que S. A. Midhat n'a jamais
pris une part quelconque à l'assassinat en question

— si tant est que cet assassinat ait eu lieu réellement.

Dans toutes les conversations confidentielles que le soussigné a eues avec Son Altesse au sujet des événements à la suite desquels Abd-ul-Aziz a été détrôné, jamais Son Altesse n'a dit un mot, fait une allusion qui pût faire supposer que Son Altesse croyait à un complot ourdi afin de commettre un tel attentat.

Lorsqu'à Smyrne Son Altesse, quelques moments avant son arrestation, apprit de source officielle qu'une instruction relative à la mort d'Abd-ul-Aziz avait été faite et que lui, Midhat, était compromis, Son Altessse s'écria :

— Jamais plus noire infamie ne pouvait être inventée !... Quoi ! moi si fier de voir que le Sultan avait été détrôné pacifiquement, sans effusion de sang, je me serais mis dans un complot pour me couvrir de honte et de sang ! J'aurais trempé dans un crime abominable qui ne pouvait que soulever l'opinion publique, rendre ma tâche impossible, me décrier en face de l'Empire et de l'Europe, éloigner de moi les honnêtes gens auxquels je faisais appel !

« C'est de la folie pure ! »

Excellence, le soussigné, pour la tranquillité de sa conscience et en face d'un imprescriptible devoir, fait la présente déclaration, espérant et convaincu qu'elle sera prise en considération et qu'une erreur judiciaire ne sera pas commise au détriment d'un innocent !

A. Clician-Vassif-Effendi.

Mon témoignage ne fut pas lu dans le procès. Qu'est devenu ce témoignage ? Pourquoi l'a-t-on enfoui dans les paperasses du ministère à Constantinople ? Ne l'a-t-on pas simplement détruit ?

Racontons ce procès ! Insérons les dépositions des témoins ! Voyons si quelqu'un ou quelque fait accuse Midhat !

C'est le lundi 27 juin 1881 que les débats sont ouverts : des chambellans, des officiers, des serviteurs du feu Sultan sont au banc des prévenus.

Le long espace de temps écoulé depuis la mort d'Abd-ul-Aziz, le rang élevé occupé par la plupart des accusés, le mystère qui a régné relativement aux derniers moments d'Abd-ul-Aziz, tout attire l'intérêt le plus passionnant !

D'abord, on avait décidé que le procès aurait lieu, à Stamboul, dans la salle qu'on avait aménagée en vue des assemblées des députés. Le « Palais » changea cela. On ordonna de dresser une tente, dans un jardin, près de la résidence impériale.

Partout, on désire une sorte d'apparat dans la mise en jugement des grands personnages de l'Etat... Ici, rien de cela ! Le tribunal n'est pas, malgré l'usage, malgré la loi peut-être, constitué en Haute Cour de justice !

La salle d'audience est une tente, dressée près du palais et ornée de quelques rinceaux de soie bleue. Deux couloirs : l'un pour introduire les prisonniers ; l'autre comme entrée pour les juges. Ceux-ci, sur une estrade en demi-cercle, sont assis derrière une table drapée d'étoffe verte.

Les prévenus prendront place sur des chaises en face du tribunal. Derrière les prévenus, des fauteuils en cuir sont réservés en faveur du corps diplomatique, des drogmans et des hautes personnalités. Plus loin, des places pour la presse locale et étrangère. Enfin, au fond, 150 places, à peu près, destinées au public. On n'accède à ces places que si l'on est muni d'une carte accordée à l'avance par le ministère de la justice.

Audience du 27 juin.

Le tribunal est composé de :

Sourrouri-Effendi, président, premier président de la Cour d'appel.

A la droite du président :

Christophorès-Effendi, vice-président. Celui-ci dirigera les débats dans le second interrogatoire de Midhat ;

Hussein-Bey ;

Et, à un bureau séparé, Latif-Bey, procureur général, assisté de deux substituts.

A gauche :

Emin-Bey, Favkor-Effendi, Hadgi-Emin-Effendi ;

Et, à un bureau spécial, le greffier Emin-roullat-Effendi, assisté des sous-greffiers Riza-Bey, Chakis-Effendi et Fachim-Effendi.

Les défenseurs sont Miniaci-Zadé-Refik-Bey, Chehri-Effendi, Izzet-Effendi, Mehmet-Aly-Effendi et Costaki-Sartinski-Effendi.

Les prévenus :

1° Pehlivan-Moustafa-Chaousch, lutteur, quarante-cinq ans, du district de Yuzgat ;

2° Mustafa-Djezaïrli, d'Alger, quarante-sept ans ;

3° Hadgi-Mehmet, quarante-trois ans ;

4° Fahri-Bey, trente-trois ans, chambellan de Sa Majesté Impériale ;

5° Nedgib-Bey-Kurdgi, trente-cinq ans, offi-cier ;

6° Seyid-Bey, quarante-cinq ans, ex-chance-lier de l'ex-Sultan Mourad ;

7° Izzet-Bey, trente-huit ans, colonel ;

8° Aly-Bey, vingt-cinq ans, fils du muchir Namyk-Pacha, chef d'escadrons et ex-aide de camp du Sultan Mourad ;

9° Nouri-Pacha-Damat, quarante ans, ex-grand maréchal du Palais, sous le règne de l'ex-Sultan Mourad ;

10° Mahmond-Djélal-Eddin-Pacha-Damat, ancien ministre ;

11° Midhat-Pacha, ancien grand vizir.

Les places réservées au corps diplomatique et aux dignitaires contiennent :

Des ministres ou ex-ministres ; S. Exc. l'ambassadeur de Perse, le ministre de Serbie, les drogmans des ambassades et des légations.

Aux places de la presse, on remarque :

Les correspondants du *Times*, du *Standard*, du *Temps*, du *Moniteur Universel* et de l'*Indépendance Belge.*

Les places du public sont occupées par des officiers et des policiers.

Le président Sourrouri ouvre les débats et donne l'ordre au greffier de lire l'acte d'accusation :

— Les circonstances dans lesquelles s'est produit le décès de Sa Majesté Impériale feu Abd-ul-Aziz firent naître bien vite des soupçons relatifs au genre de mort qui avait mis fin à la vie dudit Sultan. Divers propos ont circulé à ce sujet ; des dénonciations ont été présentées. Toutefois, cela était vague et peu probant ; et Sa Majesté Impériale, qui avait à cœur d'élucider les faits, se vit obligée de renoncer à une enquête qui paraissait sans issue et ne laissait cependant pas de compromettre de hauts personnages.

Entre temps, une nouvelle dénonciation s'est produite dans des conditions spéciales. Elle provient d'une dame kalfa, de la maison du feu Sultan Aziz, et aujourd'hui mariée au fils d'un fonctionnaire supérieur de l'État. Elle donne des détails très circonstanciés et offre le plus grand cachet de vérité.

Par suite de cette dénonciation, Sa Majesté Impériale a ordonné d'opérer, dans le plus grand secret, une enquête préliminaire. On a, d'abord, vérifié que trois individus, désignés dans la dénonciation, avaient effectivement été inscrits sur le rôle des domestiques du « Palais », aux appointements de cent livres turques par mois. Ces trois individus sont Pehlivan-Moustafa-Chaousch, Hadgi-Mehmet et Mustafa-Djezaïerli ; on a procédé à leur arrestation.

Interrogés à plusieurs reprises, ils sont entrés dans la voie des aveux.

Ils ont déclaré avoir été appelés par Mahmoud-Djébal-Eddin-Pacha-Damat, qui leur a dit qu'en sa qualité de chambellan, ils les ferait entrer dans la demeure du sultan Aziz, dont on voulait se débarrasser.

Pehlivan et ses compagnons, conduits par Fahri-Bey, chambellan du défunt Sultan, devaient venir dans la chambre du souverain et mettre celui-ci à mort en coupant, audit souverain, les artères des bras. Mahmoud-Pacha affirma que, cet attentat accompli, lesdits individus seraient confirmés dans leur poste de cent livres turques mensuelles et recevraient une gratification de trente livres payées d'avance.

Les trois individus d'abord refusèrent ; mais, devant les menaces de Mahmoud, finirent par consentir.

Un peu plus tard, lesdits individus furent appelés par Nourri-Pacha-Damat, grand-maréchal du « Palais ». Et Nourri leur répéta ce que Mahmoud-Pacha avait dit et les encouragea en exigeant d'eux le plus grand secret.

Lesdits individus furent envoyés le vendredi, en

compagnie de quatre eunuques et d'un aide de camp, au palais Férié, où habitait le sultan Aziz.

Les eunuques furent introduits ; mais Pehlivan et ses compagnons durent passer un jour et une nuit dans le corps de garde d'Ortakay, proche du palais Férié.

Ce fut le dimanche matin que le chambellan Fahri-Bey vint les chercher, les introduisit dans le palais et les mena directement à la chambre du Sultan. Fahri avait mis, dans les mains de Pehlivan, un canif avec lequel l'assassinat fut consommé à la teneur des instructions données aux meurtriers.

Interrogés sur les détails de l'attentat, Pehlivan et Hadgi-Mehmet ont tout raconté.

Fahri-Bey est entré le premier dans la chambre et s'est avancé vers le Sultan qui, en ce moment, tournait le dos à la porte. Il saisit le Sultan par les épaules, pendant que Hadgi-Mehmet et Moustafa-Djezaïrli tenaient, chacun, une des jambes du Sultan. Pehlivan a coupé les artères pendant que deux officiers, pistolet en main, gardaient la porte en vue d'empêcher quiconque d'entrer.

Le crime perpétré et la mort du Sultan étant certaine, Pehlivan a appliqué sur les plaies une pièce de dix paras en cuivre, dont l'effet produisit l'arrêt de l'écoulement du sang.

Moustafa-Djezaïrli a fait des aveux semblables. Il a dit avoir juré, à Nouri-Pacha, de garder fidèlement le secret. Il nie, toutefois, avoir participé à l'assassinat du Sultan. Quand il est entré dans la chambre du Sultan, affirme-t-il, celui-ci était déjà mort.

Guidé par des aveux si formels, on a procédé à l'arrestation des autres complices ou lancé contre eux des mandats d'amener.

Ces complices sont :

Fahri-Bey, les officiers Ali et Nedgib-Bey, Seyid-Bey, Izjet-Bey, Mehmet-Ruchli-Pacha, alors grand vizir, Haïroullah-Effendi, chek-ul-Islam, Midhat-Pacha, Mahmoud-Djellal-Eddin-Pacha-Damat et Nouri-Pacha-Damat.

L'instruction a établi, qu'immédiatement après l'avénement au trône de Mourad, une commission a été instituée au palais de Dolma Baktché ; que cette commission était composée de ministres : Ruchdi-Pacha-Hussein, Avri-Pacha, Midhat-Pacha, Mahmoud-Pacha-Damat, Haïroullah-Effendi ; que Nouri-Pacha a été nommé, par cette commission, grand-maréchal du palais ; que toutes les affaires étaient solutionnées par cette commission.

Cette commission avait été réunie par iradé de Mourad. Et c'est cette commission qui a décidé, au su de Mourad et de la princesse mère de celui-ci, la mort du sultan Aziz (1).

Les deux premiers prévenus ont avoué.

Moustafa-Djesaïrli s'est rétracté par la suite.

Tous les autres prévenus ont opposé les pius vives dénégations.

L'instruction a établi également que, la veille de l'assassinat d'Aziz, les princes de la famille impériale ont été invités à un grand banquet que devait

---

(1) Je prie le lecteur de bien peser cette déduction. Une commission est nommée par Mourad, donc les membres de cette commission sont coupables... Mais, pourquoi cela ? Et puis, comment affirmer sans preuves que Mourad a donné son assentiment à la mort d'Azis ? Mourad est coupable parce que Nouri-Pacha a été nommé grand maréchal du Palais !... Le cardinal de Richelieu disait avec ironie : « Les juges sont des hommes qui découvrent des intentions que les autres hommes ne peuvent ni découvrir, ni même comprendre. »

15

donner Mourad, dans un kiosque isolé, élevé sur les hauteurs de Bébek et connu sous le nom de Nezpétié. Cette invitation avait pour but l'extermination de tous les princes ! S. M. I. Abd-ul-Hamid, ayant conçu des soupçons, évita de se rendre à l'invitation et, dès lors, le banquet fut décommandé (1).

L'arrêt de renvoi mentionne, dans tous les détails, les interrogatoires des prévenus, leurs déclarations contradictoires, les dépositions des témoins entendus ; examine les faits à charge ; conclut à la culpabilité de tous ceux-ci ; enfin renvoie, à l'unanimité, devant la cour criminelle :

Les prévenus Pehlivan-Moustafa et Djesaïrli-Moustafa, comme coupables des actes prévus par l'article 170 ;

Les prévenus Hadgi-Mehmed, Fahri-Bey, Ali-Bey et Nedgib-Bey, comme coupables des actes prévus par les articles 45 et 170 ;

Les prévenus Ruschid-Pacha, Midhat-Pacha, Mahmoud-Pacha Damat, Nouri-Pacha, Mourad-Effendi — ce dernier excusable par suite de son état mental — comme coupables des actes prévus par l'article 184 ;

Enfin, les prévenus Izzet-Bey et Seyd-Bey, comme coupables des actes prévus par l'article 175 du Code pénal (2).

---

(1) Mais prouvez-vous que Mourad eut jamais cette abominable intention ?

(2) Haïroullah-Effendi, ancien Chek-ul-Islam, n'est pas renvoyé devant la Cour parce qu'il sera jugé par une autre juridiction.

L'arrêt de renvoi mentionne la princesse, mère de Mourad ; mais il n'est pas question d'elle — on le voit — dans l'acte d'accusation. Elle ne figure pas parmi les accusés.

Le président invite le procureur général à développer, s'il y a lieu, l'accusation. Le procureur général se borne à une réédition de l'acte lu par le greffier.

Le président donne l'ordre d'introduire Midhat. Celui-ci entre, l'air dégagé. Il porte à la main un cahier et des notes. Il est vêtu de gris foncé. Sa barbe a blanchi...

Sensation dans l'auditoire.

Midhat prend place près de Mahmoud-Pacha.

Le président demande les noms et qualités de Midhat.

L'accusé est invité à se tenir debout **pendant** l'interrogatoire, à moins qu'il ne soit souffrant. Midhat déclare qu'il restera debout, mais demande à s'appuyer sur le dos de la chaise.

Le greffier lit les passages de l'acte de renvoi et de l'acte d'accusation concernant Midhat.

Midhat demande à prononcer quelques mots :

— Je me répute heureux d'être appelé devant votre tribunal, qui siège à porte ouverte. Je remercie Sa Majesté Impériale d'avoir ordonné des séances publiques. En effet, il me tarde de me laver, en présence de mes concitoyens, des inculpations qui me sont faites. Je remercie également les juges d'instruction qui, d'abord, m'avaient accusé d'un crime entraînant la peine capitale ; et, maintenant, la peine que je pourrais encourir est moindre. Je veux croire que cette atténuation de peine a été provoquée par des sentiments humanitaires et, plus encore, par les doutes qui ont surgi de toute évidence à l'égard de ma culpabilité.

Le président demande à Midhat s'il est vrai qu'immédiatement après l'avènement de Mourad-Effendi au trône, une commission d'Etat s'est constituée sur l'ordre verbal de Mourad et quels étaient les membres de cette commission.

Midhat croit devoir, avant de répondre à la question, expliquer la situation politique au moment de l'avènement au trône de Mourad. Il ajoute : « On m'accuse d'un crime qui peut-être n'a pas existé et, à coup sûr, n'était ni nécessaire, ni même utile ! »

Le président. — Vous devez répondre directement à toute question que je vous pose. Ce n'est pas le moment de présenter votre défense, qui viendra à son temps.

Midhat. — Hé bien, je vous dirai que, dans les circonstances critiques que je viens de vous indiquer, le conseil des ministres a dû siéger en permanence. Ces réunions de ministres ont fait croire à l'institution d'une commission d'Etat ! Les ministres se réunissaient au « Palais ».

Le président. — Nommez les personnes qui faisaient partie de cette réunion.

Midhat. — Moi, Mehmet-Ruchdi-Pacha, Hussein-Havni-Pacha, Mahmoud-Pacha et Haïroullah-Effendi.

Le président. — De quel genre d'affaires s'occupait cette commission ? Est-ce par l'ordre de celle-ci que feu le Sultan Aziz a été transféré au Palais de Férié ?

Midhat. — La réunion des ministres s'occupait de toutes les affaires, intérieures et extérieures, comme il convient à des ministres d'Etat de le faire ! Quant au transfert du feu Sultan, il a eu lieu sur un ordre expressément donné par le Sultan Aziz !

Le président. — Qui a été chargé de la garde du Sultan Aziz, et qui a désigné ce gardien ?

Midhat. — Aziz avait plusieurs gardiens. Nous voulions qu'il fût gardé avec les plus grands égards et les plus grands honneurs !

Le président. — Nouri-Pacha a déclaré que ce fut par décision de la commission des ministres que quelques individus appartenant à la catégorie des békéïs et koudoudjis, ont été attachés à la maison de Mourad-Effendi. Ces individus, c'est-à-dire Pehlivan, Djésaïrli et Hadgi-Mehmet, ici présents, furent désignés pour le service du feu Sultan. Nouri-Pacha affirme que vous siégiez dans la commission, alors que ces individus ont été ainsi choisis !

Midhat. — D'après les renseignements pris, ces hommes avaient de bons antécédents, étaient dévoués à Mourad. Il n'existait aucune raison pour les écarter !

Le président. — Etait-il convenable de placer auprès du Padischah-Kalife des individus d'une si basse situation sociale ?

Midhat. — Leur nomination me sembla un détail insignifiant. Je ne connaissais pas les individus !... On nous a fait part de leur nomination !... Ce fut tout !

Le président. — Vous dites que vous ne connaissiez pas ces hommes ? Pourtant le contraire peut facilement être prouvé ! Ainsi, tout de suite après la mort du Sultan, on a vu Hussein-Avni-Pacha, membre de la commission dont vous faisiez partie, conférer avec Pehlivan. De ce fait, on peut déduire que la commission a ordonné la mort d'un Padischah.

Midhat. — Quoi ! Vous appelez ça une preuve !

Le président. — Il est prouvé que vous avez dit : « Si le Sultan Aziz remontait sur le trône, je serais perdu ! » Dès lors, il vous fallait placer, autour du feu Sultan, des hommes de votre entière confiance ; et c'est ainsi que vous avez agi. Votre crainte de voir le Sultan Aziz remonter sur le trône explique votre conduite et votre complicité dans l'attentat !

Midhat. — Vous parlez avec une certaine logique !... Mais cette logique n'est pas une preuve que l'attentat ait été commis.

Le président. — Vous éloignez de la personne du Sultan tous ses anciens serviteurs. Vous ne lui laissez que Fahri-Bey. Vous avez dit, dans un interrogatoire, à l'instruction, que ce fut sur la demande expresse du feu Sultan que vous avez mis à ses côtés Fahri-Bey. Or, Nouri-Pacha a déclaré que Fahri-Bey avait été désigné par la commission pour être placé près du feu Sultan. La confiance que ledit Sultan témoignait à Fahri était avantageuse pour vous, en ce sens que cette confiance facilitait l'exécution des projets de la commission.

Midhat. — Vous exposez des déductions ; et ne fournissez pas de preuves !... Fahri-Bey, lui-même, a déclaré que c'était sur une demande formelle du feu Sultan que lui, Fahri, avait été placé près dudit Sultan.

Le président. — Le Sultan, après sa déposition, avait gardé un sabre en vue de sa défense personnelle. Or, la commission a ordonné que cette arme fût retirée au Sultan. La mise à exécution d'un pareil ordre indique que la commission avait l'intention de faire mourir Sa Majesté.

Midhat. — Au moment du transfert du Sultan au Sérail de Top-Kapou, nous avons ordonné que Sa Majesté n'eût pas d'armes à sa disposition. On pouvait craindre qu'Elle n'attentât à ses jours.

Le président. — Par qui et comment avez-vous appris la mort du Sultan ?

Midhat. — Le dimanche, un peu tard, je me suis rendu à la Sublime-Porte, afin de prendre part au conseil... J'arrive !... Personne n'est là !... On me dit que, seul, Saïd-Effendi, mustéchar du grand vizirat, est à son poste... Dès qu'il me voit, Saïd m'annonce la fatale nouvelle !... Je fus extrêmement peiné !... D'autant plus peiné que je compris que la mort du Sultan devait faire naître des bruits abominables !

Le président. — Le mustéchar Saïd-Effendi vous donne un démenti...

Midhat. — Ce démenti n'a pas d'importance ! Le mustéchar, sans doute, ne peut agir autrement !

Le président. — En apprenant le malheur, vous êtes-vous rendu à Top-Kapou ? Si vous y êtes allé, quelles personnes y avez-vous trouvées ? Près de qui vous êtes-vous informé, dans le but de connaître les détails ? Avez-vous ouvert une enquête ?

Midhat. — J'ai quitté la Sublime-Porte, et

j'ai été, par Dolma-Baktché, au corps de garde d'Ortakay. Là, j'ai trouvé les ministres réunis et Fahri-Bey, un grand nombre d'ulémas et *dix-neuf médecins*. Tous m'ont déclaré — les *médecins en première ligne* — que le Sultan s'était suicidé. J'ai cru au suicide comme tout le monde. Les médecins, au reste, ont longuement examiné le cadavre et rédigé un rapport concluant au suicide (1).

Le président. — Au dire de Fahri-Bey, vous vous êtes borné à témoigner votre étonnement, sans ordonner une enquête minutieuse en vue de la manifestation de la vérité. Dans la position si haute que vous occupiez, votre devoir vous imposait d'approfondir les causes de l'événement ! Or, vous avez voulu faire le silence sur cette affaire, ce qui prouve votre complicité dans l'assassinat !

Midhat. — Alors pourquoi ne pas rendre responsables tous les ministres ? Je ne les vois point parmi les accusés !... N'avaient-ils pas, autant que moi, le droit d'ordonner une enquête ?

Le président. — La commission ne devait-elle pas procéder à l'examen du cadavre ?

---

(1) Je prie le lecteur de méditer cette circonstance, qui sera corroborée par d'imposants témoignages.

Midhat. — Les médecins ont procédé à cela mieux que nous n'aurions pu le faire !

Le président. — Avez-vous demandé aux médecins s'ils avaient observé minutieusement chaque partie du corps ?... N'était-il donc pas nécessaire que les membres de la commission assistassent à l'examen des médecins ? On s'est contenté d'un examen insuffisant !... Cela prouve que l'assassinat a été commis par ordre de la commission, dont vous faisiez partie !

Midhat. — Le rapport des médecins répond à vos questions !

Le président. — Mais l'Ilam du Chéri, relatif au décès, a été, en violation de la loi, rédigé sur la simple déclaration de Fahri-Bey et sur présentation d'un rapport médical incomplet ! Pourquoi ?

Midhat. — Je n'en sais rien !... Il faut vous informer près des employés du Chéri et des médecins !

Le président. — Il est avéré que les personnes de la résidence impériale, qui ont lavé le corps du feu Sultan, ont constaté une blessure au-dessus du sein gauche et que deux dents étaient brisées.

Midhat. — La blessure était-elle au-dessus ou au-dessous du sein ?

Le Président. — Au-dessus...

Midhat. — Etait-elle grande ou petite ?

Le président. — Assez grande...

Midhat. — C'est la première fois que j'entends parler de cela ! (1)

Le président. — La nuit qui a suivi la mort du Sultan, il y eut des réjouissances au palais Férié. Les soldats du corps de garde se sont livrés au jeu dit zeibek-oyounou... C'était manquer du plus vulgaire égard envers les enfants et les femmes en larmes de la victime ! De pareilles infamies ne pouvaient avoir lieu sans l'assentiment de la commission.

Midhat. — C'en est trop ! La commission pouvait-elle s'occuper du jeu auquel jouent les soldats !

Le président. — Ruchdi-Pacha a déclaré avoir entendu dire que le Sultan donnait encore des signes de vie quand on l'a transporté au poste de Férié. Vous avez dû entendre raconter quelque chose d'analogue ! Dans ce cas, votre silence indique que vous ne visiez que votre but !

Midhat. — Je n'ai jamais ouï dire rien de pareil !... Qui a dit que le Sultan vivait encore quand il fut transporté ?

Le président. — Mehmet-Ruchdi-Pacha !

---

(1) En effet, l'acte d'accusation parle d'artères coupées au bras, et non de blessure au sein. — Quoi ! les familiers, ni les laveurs du cadavre, ne voient les artères coupées et les médecins ne voient pas la blessure au sein !

Midhat. — Ah ! Ruchdi-Pacha a dit bien d'autres choses controuvées !

Le président. — La Cour désire vous interroger sur l'incident de Smyrne. Quelles sont les raisons qui vous ont décidé à vous réfugier au consulat de France ?

Midhat. — A ce sujet, je dois entrer dans certains détails. Des lettres de Constantinople m'avaient appris les bruits qui couraient à mon égard... Certaines circonstances ne me rassuraient pas... Un aide de camp du Sultan était venu à Smyrne. Il échangeait, jour et nuit, des dépêches avec Constantinople. Je compris qu'il s'agissait de moi... De plus, un certain Ali-Bey, mauvais sujet dans le genre de Tcherkes-Hassan, se mit, à Smyrne, à débiter des horreurs sur mon compte. Il ne portait pas l'habit militaire, mais affirmait avoir été très récemment promu colonel... J'ai pensé un moment à ordonner son incarcération... Cependant, on vint m'informer secrètement qu'on allait m'arrêter, et que l'on avait distribué des cartouches aux soldats qui étaient chargés de me prendre...

« En effet, quelques heures plus tard, 3,000 hommes de troupe entouraient ma maison. J'avoue que j'ai craint d'être appréhendé par des soldats guidés par Ali-Bey... Je suis sorti par le jardin ; j'ai pris une voiture ; je me suis fait conduire dans le quartier européen. La première porte que j'ai trouvé ouverte était le consulat de France, où je suis entré.

« On a dit que j'avais fait ouvrir la porte dans le mur du jardin, en vue d'avoir, en certaines circonstances, une voie facile à la fuite. C'est faux ! La porte a été ouverte à la demande de ma famille qui, lors du dernier tremblement de terre, s'était réfugiée dans le jardin et s'y trouva enfermée, ce qui lui donnait des sujets de vive crainte !

Latif-Bey, procureur général. — La porte en question — cela a été prouvée par enquête — a été ouverte vingt-cinq jours avant la fuite de Midhat, C'était une voie de fuite secrète, en cas d'événements auxquels Midhat s'attendait.

Le président. — Vous dites avoir craint pour votre vie ? En ce cas, il fallait demander l'assistance de la force publique et de la justice, et non aller demander asile à un consulat. L'homme, à qui sa conscience ne reproche rien, ne fuit pas la justice de son pays et ne s'abrite pas sous un drapeau étranger !... Vos réponses ne plaident pas en votre faveur ; elles démontrent, au contraire, votre culpabilité !

« La séance est levée !

Midhat demande à pouvoir communiquer librement avec son avocat.

Le président. — La séance est levée !

CHAPITRE XVII

Audience du 28 juin.

Le président, Sourrouri-Effendi, en ouvrant l'audience, s'adresse au vice-président, Christophorès-Effendi, et fait la déclaration suivante :

— Il y a dix-huit ans, j'étais juge du Chéri et président du divan Thémyz, dans le vilayet du Danube, au moment où Midhat-Pacha occupait, dans ce vilayet, les fonctions de gouverneur général. Pour certains motifs, j'ai, avec dix autres fonctionnaires, donné ma démission ; et je suis rentré à Constantinople (1).

« Midhat considéra ma démission comme un acte d'hostilité envers lui. Depuis lors, il m'a cru son ennemi. C'est dans ce sentiment qu'il a exprimé le désir que je ne prisse aucune part à son jugement.

Il a été répondu, à Midhat, que, conformément à la loi, il devait formuler sa demande au

______

(1) Je puis indiquer ces motifs. La conduite irrégulière de Sourrouri avait motivé les plaintes du public. La corruption des hommes, employés par Sourrouri, était cause de continuelles récriminations.

moyen d'une requête. Bien que le code d'instruction criminelle confère au président un pouvoir discrétionnaire et laisse à l'honneur et à la conscience du président d'employer les moyens aptes à favoriser la manifestation de la vérité, bien que, d'autre part, la demande de Midhat me semble mal fondée, je désire, par suite d'un scrupule de conscience, ne pas participer au jugement de Midhat. Je me récuse donc, et vous cède, monsieur le vice-président, le soin de diriger les débats.

Christophorès-Effendi ordonne d'introduire Midhat.

Le président. — Hier, vous avez été interrogé sur divers chefs d'accusation. Aujourd'hui, nous avons à vous demander ce que vous avez à opposer aux dépositions de Séyd-Bey, de Nouri-Pacha et de Saïd-Effendi, le mustéchar du grand vizirat ?

Midhat. — J'ai déjà répondu hier à ce qui concerne la déposition de Saïd-Effendi. Saïd nie que, le dimanche, je me sois rendu tard à la Sublime-Porte et que j'aie appris, de lui, l'événement... Cependant, j'ai dit la vérité !... Cette vérité n'est pas une charge contre moi, ni une décharge !... Je comprends, toutefois, que Saïd ait répondu ainsi qu'il l'a fait ! Saïd, s'il disait la vérité, craindrait de s'attirer des embarras !

Le président. — Qu'objectez-vous à la déposition de Séyd-Bey ?

Midhat. — Veuillez me faire lire cette déposition.

Mais avant que le greffier puisse présenter le document, Midhat s'écrie :

— Voici l'arrêt de renvoi, qui m'a été communiqué !... Or, je trouve, dans cette pièce, que j'aurais demandé, à Séyd-Bey, avant qu'il fût question de placer Pehlivan et les deux compagnons de Pehlivan au service du Sultan Aziz, des renseignements sur ces trois individus !... Dans ce passage de l'arrêt, il y a une fausseté !...

Le procureur général. — Je proteste contre les paroles de l'accusé !... Il offense la justice !

Le président (à Midhat).— La cour vous pose une question. Répondez nettement à cette question... Oui ou non, reconnaissez-vous le bien-fondé de la déposition de Séyd ?

Midhat. — D'après l'arrêt de renvoi, j'aurais rencontré Séyd au « Palais » et lui aurais demandé s'il connaissait Moustafa-Pehlivan et les deux autres... De cette demande, l'accusation déduit la preuve irréfutable que j'ai été complice dans l'assassinat d'Abd-ul-Aziz !... Il est possible que j'aie parlé de Pehlivan à Séyd, à l'époque où je venais de renvoyer du Palais des hommes indignes d'y habiter. Si j'ai jamais parlé de Pehlivan, à Séyd, ce fut pour savoir s'il ne fallait pas expulser du Palais Pehlivan !

Le président. — Sur la déposition de Nouri-Pacha, qu'objectez-vous ?

Midhat. — Nouri a déclaré qu'il m'a entendu, un jour, tenir à table des propos séditieux et injurieux envers la Majesté Impériale ! Je pense que de pareils propos ne sont pas lancés à table, par un homme de mon âge, devant des tierces personnes !... Si j'avais jamais eu à reprocher quelque chose au Sultan, je ne l'aurais pas fait, en tout cas, devant Nouri qui a des liens de parenté avec la famille impériale.

Le procureur général. — Nous avons appris, toutefois, qu'en plusieurs occasions, Midhat s'est laissé aller à des considérations injurieuses envers le Sultan, sans se soucier des personnes présentes... Je vais, à ce sujet, présenter un témoin syrien.

Ce témoin déclare se nommer Rifaat-Effendi, ex-employé du gouvernement de Damas.

Après un peu d'hésitation, le président invite Rifaat à prêter serment.

Rifaat. — Midhat, à Damas, m'a nommé membre d'une commission. Ensuite, il m'a envoyé dans le Hauran, afin que je me livrasse à une enquête. A mon retour à Damas, je me suis présenté au konak de Midhat. Je me suis informé si Midhat pouvait me recevoir et s'il était seul. On me répondit qu'il causait avec Essad-Effendi (1).

« Je crus pouvoir entrer. Midhat m'invita à m'asseoir.

« Le Pacha racontait, à Essad comment le coup d'Etat du détrônement fut organisé et exécuté. Le Pacha dit, entre autres choses : « Le Sultan Aziz voulait se débarrasser de nous ; et c'est nous qui nous sommes débarrassés de lui ! » — Essad répondit : « Vous avez eu raison d'Aziz, et n'avez pas réussi dans l'autre affaire !... »

Le président. — Midhat, que dites-vous au sujet de ce témoignage ?

Midhat. — Je dis que de pareilles confidences ne se font pas en présence de n'importe qui !... Je dis que cet homme aurait dû avoir honte de prêter serment !

Le président. — N'insultez pas le témoin !

Midhat. — Je retire les mots que je viens de prononcer !... Je dirai seulement que cet homme arrive de Constantinople, où il a sollicité un poste dans la magistrature, et, après

---

(1) Essad-Effendi est un publiciste connu, dans la presse ottomane, sous le nom de Tchenghiané-Essad (Essad le Bohémien). Impliqué dans l'affaire d'Ali-Suavi-Effendi, il a été exilé à Damas, où il se trouve encore. Pourquoi ne pas l'avoir cité, dans l'affaire Midhat, afin de corroborer ou d'infirmer le témoignage de Rifaat ?

informations sur ses faits et gestes, n'a rien obtenu !

Voilà tout l'interrogatoire de Midhat !

J'ai fait transcrire, intégralement, cet interrogatoire sur le document officiel. Je l'ai fait traduire mot à mot !

Est-ce que cela prouve la culpabilité de Midhat ?

Quatre témoins ont déposé à charge (?) de Midhat ! Admettons leurs témoignages pour véridiques !

Le premier, Saïd-Effendi, a dit : « Je n'ai pas vu Midhat-Pacha à la Sublime-Porte. Je ne lui ai pas annoncé la mort du Sultan ! »

Très bien ! Cela prouve-t-il que Midhat fût coupable ?

Le second, Séyd-Bey, a déclaré : « J'ai rencontré au « Palais » Midhat-Pacha ; il m'a parlé de Pehlivan ! »

Cela prouve-t-il que Midhat fût coupable ?

Un ministre n'a-t-il pas, à notre époque troublée par des attentats contre les chefs d'Etat, le devoir de prendre des renseignements relatifs à la future domesticité de son maître ? Est-ce qu'on n'a plus le droit de demander, à la cuisinière qui se présente, ses certificats ?

Le troisième, Nouri-Pacha, a affirmé que

Midhat avait, à table, inconsidérement parlé du Sultan !

Cela prouve-t-il que Midhat fût coupable ?

Combien resterait-il de Français, Italiens, Anglais, Américains, voire de Japonais, si l'on envoyait à l'échafaud ceux qui critiquent leur gouvernement ?

Le quatrième, Rifaat-Effendi, a juré que Midhat avait dit : « Nous nous sommes débarrassés du Sultan ! »

Cela prouve-t-il que Midhat fût coupable ?

Midhat, d'abord, n'a-t-il pas dit simplement : « Nous sommes débarrassés du Sultan » ? Et, quand même, lorsqu'un peuple entier *débarque* un souverain, chaque citoyen n'est-il pas autorisé à s'écrier, à tort ou à raison : « Nous nous sommes débarrassés du souverain ! »

Mais d'autres témoignages furent-ils plus graves ?

Non !

Des faits, prouvant la culpabilité de Midhat, furent-ils établis ?

Rien !

Suivons le triste procès.

Le président donne la parole au procureur général pour soutenir l'accusation.

Le procureur général s'efforce de prouver que la culpabilité de Midhat est établie par les propres déclarations de celui-ci. « Il a nié beaucoup de choses, c'est vrai ! Mais il ne faut pas prendre les négations d'un accusé comme des preuves de son innocence ! Midhat a été confondu à plusieurs reprises par les témoins et par les faits !

« Ainsi, il a dit avoir reçu des lettres de Constantinople l'incitant à se tenir en garde... Où sont ces lettres ? Qu'il les montre !

« Il a dit que Turkan-Bey lui avait conseillé de fuir, et Turkan-Bey dément cela ! Turkan-Bey affirme n'avoir vu Midhat qu'une seule fois, et n'avoir causé avec Midhat que de choses indifférentes...

« Ainsi, dans l'instruction, Midhat a affirmé qu'à bord du navire *Stamboul*, où il était détenu, lors de son transfert, il avait entendu un des gardes dire : « Midhat sera pendu à son arrivée à Constantinople ! » Ce propos aurait été tenu par un homme originaire de Béchiktach. Or, une enquête a établi qu'aucun natif de Bechiktach n'était embarqué à bord du *Stamboul*.

« Midhat a prétendu n'avoir pu communiquer librement avec son avocat. C'est là un mensonge ! L'avocat Chéri, ici présent, nous dira la vérité !

Chéri-Effendi. — J'ai vu deux fois Midhat. La première, j'ai conféré, pendant deux heures, librement, avec mon client ; la seconde, nous n'avons pu rien faire, par suite de la présence d'un *visiteur*. Enfin, j'ai été malade ; et je n'ai plus conféré avec Midhat... Aujourd'hui, je ne suis pas complètement guéri...

Le procureur général paraphrase l'acte d'accusation, au sujet du refuge cherché par Midhat au consulat de France.

Midhat répète, sur ce dernier sujet, ce qu'il a répondu au président... « La porte, dans le mur du jardin, a été ouverte lors du dernier tremblement de terre ; c'est le président de la municipalité de Smyrne qui a fait exécuter le travail... Qu'on écrive, à Smyrne, à ce président, pour qu'il précise l'époque où la porte a été ouverte ! »

Midhat continue :

— Pour ce qui regarde mon avocat. Voici ! On m'a dit de choisir un défenseur. Je l'ai choisi. Il est venu certain jour, et nous avons étudié ensemble l'arrêt de renvoi... Nous avons lu trois seules pages de l'arrêt, car il nous fallait peser chaque mot ! Mon défenseur devait revenir le lendemain ; il n'est pas revenu !... Il m'a fait dire qu'il était malade... Enfin, il se présenta, le surlendemain ; mais, il fut suivi par un fonctionnaire chargé de *surveiller*. Peut-on travailler avec un défenseur, quand un tiers de ce genre est là. Chéri-Effendi est parti, et je ne l'ai plus revu... Donc, j'ai le droit de dire que je n'ai pas librement conféré avec mon avocat !

« Pour ce qui est de Furhan-Bey !... Il est venu me rendre visite un jour à Smyrne, et le lendemain, certain Italien, domestique de ce Furhan, a dit au capitaine de gendarmerie : « Midhat part, ou est parti pour l'Europe ! » Cela offre-t-il de l'importance ? Il est vrai qu'à Smyrne, tout le monde, Furhan compris, s'étonnait de me voir rester à Smyrne !

« Mais il faut entrer dans le fond de la question ! Ce fond le voici !... Abd-ul-Aziz a-t-il été assassiné ?... Oui ou non ! S'il est prouvé que le feu Sultan s'est suicidé, que deviennent vos enquêtes, votre procédure, vos accusations et les présents débats ?

« Un moment, à mon arrivée à Constantinople, on m'a raconté tant d'histoires que j'ai envisagé la possibilité du crime !... Mais vos informations, vos enquêtes, le mazbata d'accusation, tout m'a fait comprendre que cette possibilité n'existait pas !... Les histoires, que j'avais entendues, n'ont pas été prouvées par l'accusation, n'ont pas été mentionnées dans l'accusation !... Et, aujourd'hui, on parle d'envoyer à l'échafaud je ne sais combien de victimes, dont la plupart appartiennent aux plus hautes classes de la Société pour avoir commis un crime dont l'existence est plus que douteuse !

« On aurait fait entrer quatre eunuques au « Palais » en compagnie des assassins ? Où sont ces ennuques ? Leurs noms auraient dû, tout au moins, figurer dans l'acte d'accusation ! Ont-ils été complices, ces ennuques ? Dites ! Pourquoi, dans ce cas, ne sont-ils pas, en ce moment, sur le banc des accusés ?... Ont-ils porté leur témoignage à l'instruction ?... Pourquoi ce témoignage ne figure-t-il pas dans les actes ?

« Le mazbata requiert contre les auteurs du crime, en vertu de l'article 170, la peine de mort et ajoute que les assassins ont été envoyés à Férié parce qu'ils étaient amiri-moudjbir (c'est-à-dire parce qu'un supérieur, auquel ils devaient obéir, les y avait contraints). Or, l'article 184 du Code pénal déclare, qu'en toute espèce de ce genre, le supérieur seul est frappé de la peine capitale réservée aux principaux assassins.

« Depuis le Fanzimat, nous n'avons plus, au reste, de cas d'amiri-moudjbir. C'est un cas qu'on pourrait à peine relever dans le Yémen, le Kurdistan, ou parmi les Arabes insoumis !... Et, pourtant, on qualifie d'amiri-moudjbir Nouri et Mahmoud-Pacha !... Enfin l'accusation vise Ruchdi-Pacha et moi, non amiri-moudjbir !... Est-ce une tactique pour acquitter certains accusés et frapper les autres impitoyablement ?

« On a donné 100 livres par mois à certains individus qui sont ici parmi les accusés ! Mais était-ce pour assassiner ou pour garder le Sultan ?... La seconde version est seule admissible ! En effet, la mort du Sultan n'apportait-elle pas forcément des changements dans le personnel des domestiques du « Palais » ? Des hommes auraient assassiné le Sultan en vue de changer leur position très stable contre une position précaire ! »

Djesaïrli-Moustafa. — Haïr-Effendi, nous n'avons reçu aucun appointement !... J'ai touché 30 livres. Voilà tout !

Midhat. — Comment, on se cache pour faire assassiner, et on ne se cache plus pour inscrire fidèlement dans les registres les sommes données aux assassins en vue de faire perpétrer un crime ! Quoi ! Mahmoud-Pacha fait appeler Pehlivan-Moustafa et je ne sais plus quel autre... Il dit au premier : « Va tuer le Sultan ! » ; à l'autre : « Va saigner le Sultan ! »... Le tour est joué !... Les assassins ne possèdent ni armes, ni lancette !... Ils vont, quand même, l'un pour tuer, l'autre, pour opérer une saignée, sans lancette !... Au moment terrible, Fahri-Bey passe son canif aux bandits... Si Fahri n'eût pas eu de canif, comment les assassins auraient-ils opéré ?

« Existe-t-il un témoin ayant déclaré avoir vu Fahri guider les assassins ?

« Abd-ul-Aziz était d'une force peu commune ! Et il n'a pas cherché à se défendre ?

« La maison est pleine de serviteurs ! Et personne n'entend rien !

« Fahri tient la tête du Sultan ! Pehlivan une jambe... L'autre, l'autre jambe !... Qui donc coupe les veines ?

« Et le Sultan ne pousse pas un cri !

« Une kalfa voit un homme se sauver par la fenêtre ! Marco-Pacha, qui lors de l'autopsie ne voit pas les blessures, voit, de Congkoudjou, c'est-à-dire de l'autre rive du Bosphore, le saut de l'homme par la fenêtre ?

« Est-ce admissible tout cela ?

« Je demande un nouvel interrogatoire en ma présence ! L'article 277 m'accorde le droit de le demander ! »

Le président. — Les assassins ont été interrogés à plusieurs reprises. Hier encore, ils ont avoué !

Midhat. — Voici l'article 277 :

« L'accusé pourra demander, après que les « témoins auront déposé, que ceux qu'il dési- « gnera se retirent de l'audience et qu'un ou

« plusieurs soient entendus à nouveau, soit
« séparément, soit en présence les uns des
« autres. Le président pourra même, sans
« demande présentée par l'accusé, ordonner
« cette nouvelle déposition. »

« La loi est formelle... La Cour doit faire
droit à ma demande, appuyée sur un texte
de loi parfaitement clair ! »

Le procureur général. — En effet, la loi
donne droit à l'accusé de faire procéder à un
second interrogatoire des témoins. Toutefois,
l'accusé ne possède ce droit qu'à la condition
que les témoins ne seront entendus que sur les
faits qui visent l'accusé personnellement.

Midhat. — Je vous ai dit que l'accusation
tombait d'elle-même, s'il était prouvé que le
Sultan s'est suicidé... Or, c'est ce que je veux
prouver par un nouvel interrogatoire des accusés et des témoins !... Si vous me refusez cela,
donnez acte que les dépositions des accusés et
des témoins ne me touchent pas personnellement !

Le président. — La Cour ne voit pas la nécessité du nouvel interrogatoire !

Midhat. — J'insiste pour l'application de la
loi !...

Le président, usant de son pouvoir discrétionnaire, interroge Pehlivan.

Pehlivan commence à parler...

Midhat. — Que Pehlivan soit interrogé seul ! Que les autres accusés se retirent !

Le président. — Cela ne vous regarde pas !

Midhat. — Comment, cela ne me regarde pas d'user des droits que la loi me réserve !

Le président. — Vous voulez qu'on interroge Pehlivan comme si ce dernier était un simple témoin !... La loi s'oppose à cela !

Le procureur général. — Je demande le rejet de la requête de l'accusé !

La Cour se retire pour délibérer.

A la rentrée de la Cour, le président annonce que la requête de l'accusé est acceptée, mais à condition que les accusés seront interrogés en présence les uns des autres.

Midhat. — C'est moi qui interrogerai !

Le président. — Non ! Vous n'êtes ni juge siégeant, ni juge d'instruction !... Vous êtes un accusé !... Peut-être un coupable !... Vous pouvez seulement soumettre à la Cour les questions que vous désirez poser aux autres accusés... S'il y a lieu, la Cour les transmettra !...

Midhat. — Faites donc retirer les autres !...

Le président. — Parlez, Pehlivan !

Pehlivan répète ses déclarations...

Midhat. — J'ai à poser à Pehlivan plusieurs

questions. Si la Cour veut les transmettre, je vais les poser une par une !...

Le président. — Vous pouvez réfuter les déclarations de Pehlivan.

Midhat. — Le ministère public, afin d'être d'accord avec les procès-verbaux médicaux, a fait dire à Pehlivan que la blessure reçue par le Sultan était d'une largeur de 5 centimètres. Or, je voudrais savoir si Pehlivan se rend compte de ce qu'est un centimètre...

Le président et le procureur général. — Les 5 centimètres dont il est question sont mentionnés dans le rapport médical et non dans la déclaration de Pehlivan !

Midhat. — Cependant, l'arrêt de renvoi met les 5 centimètres dans la déclaration de Pehlivan.

Le président. — C'est une erreur matérielle de rédaction ou de copie !

Midhat. — J'ai également de très nombreuses demandes à faire aux témoins cités ou non cités. Il faut que les femmes du Palais soient entendues ; que le fils du feu Sultan et même la Validé Sultane comparaissent ; que plusieurs témoins soient écoutés de nouveau ; que les médecins qui ont signé le procès-verbal du décès du Sultan soient invités à fournir des explications !... Si cela nécessite des débours,

16.

je fournirai, de ma poche, les sommes nécessaires à faire venir les médecins étrangers qui
auraient pu quitter Constantinople !... Les
médecins du pays, comme Marco-Pacha, sont
faciles à appeler !

Le procureur général. — Je demande au président d'inviter l'accusé à présenter sa défense
ou à la faire présenter par son avocat.

Le président. — Je dois agir conformément
aux prescriptions du Code pénal !

Midhat. — Oui ! Appliquez la loi !... Faites
retirer les accusés !...

Le président. — La Cour s'est prononcée au
sujet de cet incident !... Voulez-vous présenter
maintenant votre défense ?

Midhat. — Non ! Appliquez l'article 277 !

Le président. — Votre attitude offense la
Cour !

Midhat. — Condamnez-moi donc également
pour cette attitude !

La Cour se retire pour délibérer.

Elle rentre après dix minutes.

Le président. — Accusé, votre demande est
contraire à la loi !... Voulez-vous présenter
votre défense ?

Midhat. — Non ! je veux vous relire l'article
277 !

Le président. — Voulez-vous présenter votre

défense ? Je vais vous faire trois sommations !... Une fois !... Deux fois !... Trois fois !... L'incident est clos !

La Cour se retire à nouveau, mais pour délibérer sur le fond.

L'huissier annonce que l'arrêt sera publié le lendemain.

CHAPITRE XVIII

MIDHAT EST CONDAMNÉ A MORT. — APPRÉCIATIONS RELATIVES AU PROCÈS. — LE RAPPORT DES MÉDECINS.

Dernière audience.

Le président lit le verdict :

« Midhat est déclaré coupable de complicité dans l'assassinat du feu Sultan Abd-ul-Aziz. La parole est donnée au procureur général sur l'application de la peine encourue. »

Le procureur général. — La Cour, ayant déclaré Midhat coupable de complicité dans l'assassinat du feu Sultan Abd-ul-Aziz, je requiers contre lui l'application, non de l'article 184, mais l'application des articles 45 et 170 du Code pénal.

Midhat. — Ai-je le droit de parler ?

Le président. — Certainement !

Midhat. — L'article 45 vise la complicité dans un crime. Mais qui aurait commis le crime ? C'est, dit-on, Pehlivan et Hadji-Mehmet ! Est-ce que je me suis jamais trouvé en relation avec ces individus ? Comment me condamner à titre de complice de criminels dont

je n'ai jamais connu les agissements ?... On dit
bien : Mahmoud-Pacha et Nouri-Pacha ont
donné des ordres. Mais on ne dit pas que j'en
ai donnés !... On est complice d'un crime, soit
lorsqu'on prépare l'exécution de ce crime, soit
en promettant des récompenses à qui se charge
de commettre le crime !... Or, il n'a pas été
démontré que Mahmoud-Pacha et Nouri-Pacha
eussent donné des ordres relatifs au crime, et
encore moins que j'eusse projeté, organisé le
crime, ni soudoyé les criminels !...

Le président. — Dans sa signification juridique, le mot complicité indique toute coopération à un crime. Or, les débats ont établi que
vous êtes justement un de ceux qui ont projeté,
organisé, préparé le crime !

Midhat. — Vous ne dites pas que j'aie donné
des armes, de l'argent !...

Le président. — Vous ferez juger vos opposi-
tions dans un recours en cassation !

La Cour se retire pour délibérer.

A la rentrée de la Cour, le président lit la
sanction pénale de l'arrêt :

« Considérant que Midhat a été déclaré coupable, la Cour lui applique la peine édictée
dans les articles 45 et 170 du Code pénal !... En
conséquence, Midhat, vous êtes condamné, à la
pluralité des voix, à subir la peine de mort.

Vous avez huit jours pour vous pourvoir en cassation !

« Gardes, emmenez le condamné ! »

Cet arrêt souleva une explosion d'indignation dans l'Europe entière...

Voici, à ce sujet, une correspondance de Constantinople, qui a été reproduite en Angleterre, en France, en Italie, etc. :

Je n'ai pu vous télégraphier toutes les phases du procès. Mes dépêches ont été soumises, par ordre, aux autorités qui ont empêché la transmission de ce qui pouvait être désagréable au « Palais ». Dans de telles circonstances, il me fut impossible de critiquer la formation de la Cour, la procédure et même de vous fournir un exact compte rendu des séances.

Aujourd'hui, une occasion de vous écrire librement m'est offerte. Je la mets à profit pour attester que le procès n'a été qu'une parodie des formes de la justice européenne, et qu'il a soulevé l'indignation des étrangers et celle de tous les Ottomans qui possèdent quelques notions élémentaires sur le droit et l'équité.

Dans un procès, où la politique joue le plus grand rôle, la première condition à observer est de placer les juges en dehors des passions politiques et de ne pas les influencer à l'aide de pressions exercées par les gens intéressés à ce que l'arrêt soit tel qu'on le désire en haut lieu.

C'est le « Palais » qui a servi de prison aux accusés ; le « Palais » qui a choisi les avocats défenseurs, sans qu'on consultât sur ce choix les accusés ! C'est le « Palais » qui a formulé les questions à poser aux

accusés ! C'est au « Palais » que les interrogatoires,
pendant la période d'instruction, ont été poursuivis
dans des conditions anormales et parfois scanda-
leuses ! Ainsi, dans un interrogatoire subi par
Fahri-Bey, en présence du sultan, le grand eunuque
— un des trois plus hauts personnages de l'Etat —
a frappé à coups de poing Fahri !

Dans son interrogatoire, Midhat a toujours
répondu avec la plus grande dignité. Il paraît avéré
que, pendant l'interrogatoire de Midhat, le Sultan,
caché derrière un rideau de porte, écoutait.

C'est au « Palais », sous la pression du Sultan,
que la peine à infliger aux accusés a été déterminée.
C'est au « Palais » que Sourrouri-Effendi, le président du Tribunal, avait des audiences privées avec la
Sultan, avant l'ouverture des audiences ; c'est au
« Palais » qu'un dignitaire invitait, sur un ton impé-
ratif, les avocats défenseurs à s'abstenir de multi-
plier les moyens de défense, et même à s'abstenir de
plaider ; c'est dans le « Palais » ou peu s'en faut,
qu'on a placé la salle d'audience ; des soldats remplissaient le « Palais », entouraient le prétoire !
Des fonctionnaires, des eunuques allaient conti-
nuellement de la salle d'audience au « Palais » afin
de raconter dans les plus minutieux détails ce que
répondaient les accusés !

Les séances de la Cour, séances qui devaient être
publiques, ne l'ont pas été véritablement. On a, il est
vrai, distribué des cartes d'entrée au corps diplomatique et à quelques représentants de la presse.
Mais, par contre, la date de l'ouverture du procès a
été tenue secrète longtemps, et n'a été annoncée que
deux heures avant l'ouverture de l'audience ! Il n'a
pas été permis aux représentants de la presse étrangère de se faire accompagner par des drogmans

(interprètes) et cependant, ces représentants ne connaissaient la langue turque ni la procédure ottomane. L'espace réservé au public, espace aux trois quarts vide, ne contenait que des fonctionnaires de police ! Le public ne pouvait dépasser les cordons de soldats !

J'ai bien risqué quelques observations, mais on m'a dit, fort courtoisement d'ailleurs, qu'on me priait de me taire.

Dans de pareilles circonstances, il ne pouvait y avoir indépendance et impartialité de la part des juges, zèle et éloquence de la part des défenseurs.

Il y eut pis que cela.

Tous ceux qui jouaient là un rôle — sauf les accusés bien entendu — s'efforçaient de gagner la faveur impériale en rendant la condamnation des accusés, et surtout celle de Midhat, inévitable. Pour atteindre ce but, on a commis les violations les plus évidentes de la loi.

La loi défendait à Sourrouri, qui s'était occupé de l'instruction, de siéger au Tribunal et, cependant, il y siégea jusqu'au moment où Midhat put le récuser. Sourrouri, interrogé à cet égard, aurait dit avec cynisme : « Oui ! mais comme je n'ai signé aucune des pièces de l'instruction, il n'existe pas de preuve légale. »

Sourrouri a violé la loi en empêchant Midhat d'être présent à la majeure partie des débats. Et, s'il n'a pas présidé à la fin du procès de Midhat, il n'en a pas moins, en chambre de délibération, voté le rejet des demandes de Midhat et la condamnation de celui-ci.

Sourrouri a laissé le « Palais » contrôler toute la procédure par les soins de Raghib-Bey, un des secrétaires particuliers du Sultan et par l'entremise de

Djevéded-Pacha, ministre de la justice, ennemi acharné de Midhat.

En effet, Raghib et Djevéded prirent place derrière les juges et leur donnaient, de temps à autre, des indications. Cela, je l'ai vu ! J'ai été placé sur l'estrade d'où je voyais ce qui ne pouvait pas être observé par le public.

La conduite du procureur général ne fut pas meilleure que celle de Sourrouri. Plusieurs témoins l'ont vu entrer dans la salle des délibérations à l'instant où on rédigeait le verdict.

Le procureur général a commis une violation encore plus flagrante de la loi.

Midhat se défendait avec énergie et bonheur. Il faisait impression sur les juges ! Alors le procureur général a parlé de Rifaat-Effendi, qui n'avait pas été indiqué sur la liste des témoins et dont le nom n'avait pas été signalé à l'accusé. Or il fallait, tout au moins, informer la Cour et demander l'autorisation de celle-ci. Le procureur général passa outre.

Midhat fut très étonné de voir surgir un témoignage absolument imprévu. Mais Midhat réfuta Rifaat et indiqua même les motifs qui avaient pu guider Rifaat à se présenter comme témoin à charge.

Midhat n'a pas pu conférer librement avec son avocat.

La Cour a désigné un même avocat pour deux ou trois accusés. Il s'ensuivit qu'un même défenseur a dû exposer des systèmes de défense qui, d'un accusé à l'autre, se contredisaient. Refik-Effendi a été chargé de la défense de l'athlète Moustafa, qui avouait sa culpabilité et qui déposait contre Fahri-Bey, et de la défense de Fahri-Bey, qui soutenait que le Sultan Aziz s'était suicidé. De même, Chéri-Effendi a été chargé de la défense de Midhat-Pacha et de celle de Nouri-Pacha. Or Nouri se défendait en inculpant Midhat.

Ce fut un ingénieux moyen — digne de la profonde diplomatie orientale — de paralyser toute défense à l'aide de semblables manœuvres. J'ai déjà dit plus haut qu'on avait fait la leçon aux avocats pour « qu'ils parlassent le moins possible ». J'ai su, par les confidences de personnes dignes de foi, qu'on avait dit aux avocats : « Ne cherchez pas à créer des embarras à Sa Majesté Impériale, qui désire gracier les condamnés !

C'est un fait plein de couleur locale orientale, que les avocats, dans de semblables conditions, aient accepté la défense ! Ils se sont, au reste, abstenus d'adresser des questions aux témoins, de discuter les dépositions, de relever les violations de la loi, de constater que les débats n'avaient conduit à aucune preuve au sujet de la complicité des principaux accusés !

En ce qui concerne Midhat, ce fait provoque l'indignation la plus vive ! Pas l'ombre d'une preuve n'a été évoquée à son détriment ; et on lui a refusé de prouver les mensonges de ses accusateurs ! Il n'a demandé que ce que la loi l'autorisait à demander. Et l'on a refusé !

Si l'on exécute jusqu'au bout la teneur de l'arrêt, ce sera un assassinat politique, provoqué par des manœuvres de vengeance et par suite de basses animosités personnelles !

Ah ! ne faut-il pas qu'un homme soit dix fois innocent, lorsque, dans l'intention de le perdre, on est obligé de commettre tant d'iniquités ; de dresser mille embûches ; de violer les lois ; d'imposer silence aux avocats défenseurs ; d'attirer — je voudrais dire un autre mot ! — des témoins qui se bornent, au reste, à des insinuations malveillantes ; de brusquer les débats ; de mettre en jeu les ressources d'une procédure incohérente ; de refuser l'audition de ceux qui pourraient apporter dans le prétoire la lumière de la vérité ; d'éloigner le public ; de tenir des conciliabules occultes ; de mettre à néant des rapports d'experts ; de se baser uniquement sur la haine et le déni de justice !

Si l'on pouvait avoir le moindre doute sur l'innocence de Midhat, la lecture des débats, relatifs au procès de Midhat, ferait se dissiper ce doute entièrement !

Abd-ul-Aziz s'est-il suicidé ?

Dans ce cas, le procès de Midhat est une infamie !

Abd-ul-Aziz a-t-il été assassiné ?

Dans ce cas, punissez, preuves en main, les coupables, et non ceux contre qui aucune preuve — fût-elle la plus minime — ne put être relevée !

Au moins, aviez-vous quelque indice basé sur un intérêt ?

Non !

Quel intérêt pouvait avoir Midhat de se défaire d'Abd-ul-Aziz ?

Aucun !

Le Sultan Mourad avait été accepté par le peuple, les ulémas, les éléments militaires. Aucune insurrection, dans n'importe quelle province, n'était signalée, ni redoutée. Le souverain déchu pouvait vivre tranquille dans quelque palais. Le fatalisme oriental accepte, sans grandes difficultés, ces situations effacées.

Quoi ! Midhat travaillait avec courage à l'établissement des libertés individuelles les plus amples ; il voulait la critique complète présentée par la presse ; le contrôle illimité opéré par la nation ; et il aurait commencé sa mission libératrice en organisant un crime noir que la presse, privée de bâillon, pouvait flétrir et dont le peuple, rendu apte à parler, pouvait décrire librement l'horreur ! Quoi ! Midhat, qui avait besoin de conserver sa popularité, l'aurait jouée sur la carte d'une atrocité inutile, dont le seul résultat devait être l'effondrement complet de l'édifice constitutionnel qu'élevait Midhat !

Cherche à qui le crime profite !... Hé bien, ce crime — s'il eut lieu — a-t-il profité — pouvait-il profiter — à Midhat ? Il pouvait le mener à l'échafaud !... Pas plus !

Qui tira quelque avantage de l'assassinat d'Aziz — s'il y eut assassinat ?... Le parti rétrograde du « Palais » !... Ceux qui voulaient déchirer la Charte et qui la déchirèrent !

Certes, au « Palais », à Constantinople, des crimes mystérieux ont été commis ! On sait les histoires — plus ou moins véridiques — des tasses de mauvais café.

Cette fois, ce n'est pas un breuvage servi par l'eunuque ! On montre un ministre d'Etat envoyant un lutteur forain dans un harem clos à l'orientale ! Ce lutteur a pour tout arme un canif ! Ce lutteur avoue !... Dieu seul sait, sans doute, aujourd'hui, par suite de quelles promesses, de quels cadeaux, au moyen de quelles tortures peut-être, l'homme a avoué !... Il a avoué avoir coupé les artères au bras du Sultan !... Et ces veines, d'après l'accusation, ne furent pas tranchées !... On ne trouva sur le corps qu'une plaie à la poitrine, a dit le procureur général !... Le rapport des médecins constate le fait des artères sectionnées aux bras, cependant !

Un des documents, signé par les médecins, vaut la peine d'être transcrit :

Certificat dressé par le docteur E.-D. Dickson, médecin de l'ambassade d'Angleterre ;

Le docteur Marroin, médecin de l'ambassade de France ;

Le docteur Vitalis, médecin en chef du département de la Saniké ;

Le docteur D. Millingen, médecin particulier de S. M. I. Abd-ul-Aziz.

Nous avons examiné le buste et les membres du sultan Abd-ul-Aziz et n'avons trouvé ni traces de violence, ni blessures occasionnées par des coups de couteau ou de poignard. La mort provient de la section opérée à l'un et à l'autre bras — au moyen de ciseaux, croyons-nous — des artères.

Ce que ce procès-verbal contient d'incomplet a été élucidé par suite de deux lettres insérées dans le *Standard*, de Londres, et écrites par le Dr Dickson nommé plus haut :

Constantinople, 8 juillet.

Monsieur le directeur du *Standard*,

Les renseignements que votre journal a donnés, au sujet de la mort du sultan Abd-ul-Aziz, sont contraires aux constatations que j'ai faites, en compagnie d'éminents collègues, sur le corps du défunt. J'ai examiné soigneusement la tête, la gorge, les épaules, l'abdomen, le dos et les membres d'Abd-ul-Aziz. Je n'ai pu constater, sauf la section pratiquée à la hauteur des coudes, aucune violence exercée sur ce corps.

Les coupures des bras ont été pratiquées à plusieurs reprises et au moyen de petits ciseaux. En effet, elles n'étaient pas nettes et rectilignes, ainsi que ç'aurait été le cas si on les eût opérées à l'aide d'un poignard ou d'un couteau.

Il ne saurait être question de lutte entre Sa Majesté Impériale et d'autres personnes. Au cas d'une lutte, il m'aurait été donné de trouver des taches et des éclaboussures de sang dans la chambre de Sa Majesté.

Or je n'ai vu, sur le parquet, qu'une large tache rouge immédiatement au-dessous du coude gauche du Sultan. La banquette du divan était également ensanglantée, mais à la place précise où reposait le bras.

J'affirme que le reste de l'appartement était parfaitement propre. Une lutte, précédant la mort, est donc inadmissible.

C.-D. DICKSON,
Médecin de l'ambassade d'Angleterre.

Le docteur Dickson écrivit un peu plus tard au même journal *Standard* en communiquant une lettre que les feuilles publiques de Constantinople s'étaient refusées — par ordre — à publier. L'édition destinée, le 6 juillet, aux journaux turcs, était à peu près semblable à celle envoyée, le 8, au *Standard*.

Je saute donc au dernier alinéa, qui fut réservé au public anglais :

« La vie à Constantinople peut se comparer avec raison à la vie de terreur qu'on menait au Paraguay, sous la présidence d'Etat du fameux Francia.

DICKSON. »

Les médecins concluent au suicide d'Abd-ul-Aziz !... Que devient donc le procès fait à Midhat et consorts ?

Je l'ai dit : une complète infamie !

CHAPITRE XIX

COMMUTATION DE PEINE. — TAIFF-BOURY. — L'AS-
SASSINAT DE MIDHAT.

Au moment où commença le procès de
Midhat, j'étais à Naples.

Je compris, dès les premières nouvelles, la
mauvaise tournure que prenait ce procès... Et
je partis pour Londres. Je voulais intéresser
nos amis anglais au sort de l'ex-grand vizir.
Les journaux britanniques débordaient d'indignation, et, par cela même, le terrain sur lequel je devais manœuvrer était admirable-
ment préparé.

De plus, des interpellations, au sujet du
procès, avaient été faites, ou furent faites bientôt, soit à la Chambre des Lords, soit à la Chambre des Communes, par lord Hougton, lord
de la Warr, lord Dunraven, lord Folkestone et
MM. Coan, Stoveley-Hill, sir D. Wolff, Ash-
mead-Bartlett, Joseph Cowen, et bien d'autres.

Nous eûmes toute une série de *meetings*.

Lord Hougton présenta au gouvernement
une pétition, soussignée par des centaines de
milliers d'habitants de la métropole. Cette péti-

tion priait l'Angleterre d'intervenir au plus vite. Une pétition analogue, envoyée par les ouvriers de Londres et des provinces de l'Angleterre — pétition monstre s'il en fut — eut pour initiateur lord de la Warr.

Dès la nouvelle de la condamnation à mort de Midhat, le gouvernement de la reine Victoria fît des remontrances à la Turquie. Sir Charles Dilke, au nom du ministère, déclara que lord Dufferin, ambassadeur britannique à Constantinople, avait en main les intructions nécessaires.

Le Sultan céda... Il commua la peine capitale en celle de l'exil perpétuel à Taïff-Boury...

L'échafaud, c'était la mort !

Taïff-Boury, ce fut la torture et la mort !

Le pays est aride, malsain. Il est peuplé d'Arabes sauvages et fanatiques. La chaleur est intolérable, même pour les Orientaux.

Le village est misérable... Il s'élève à courte distance de la Mecque.

On sait que, pour les musulmans, la Mecque, tombeau du prophète, est le lieu le plus saint, le plus vénéré du monde, et que, si un chien de chrétien se permettait jamais d'aller à la Mecque, ou dans les environs, ce chrétien serait assassiné de droit par les Arabes. En effet, ce droit à l'assassinat, établi en faveur des habitants de la Mecque, est sanctionné par les puissances européennes, dans les Capitulations.

Taïff-Boury est donc un pays où le chrétien ne se risque guère.

On choisit Taïff-Boury parce que l'on savait que là, Midhat n'aurait jamais pu rencontrer un étranger et lui parler ! Midhat, là-bas, ne pouvait faire entendre aucune plainte !... Il ne pouvait démentir les affirmations mensongères de la Sublime-Porte, par lesquelles on déclarait que Midhat était bien traité.

Or, voici comment on le traitait.

Il n'avait pu emmener aucun membre de sa famille, aucun domestique.

Un peloton de soldats devait, jour et nuit, le garder à vue.

Il était, à chaque instant, insulté, frappé.

On lui donnait des vivres avec une telle parcimonie qu'il souffrait souvent de la faim.

Pendant la détention, je reçus — j'ignore encore par quelle voie mystérieuse ! — un mot de Midhat.

Je transcris cette courte missive poignante :

« Mon enfant, considérez-moi comme n'existant plus ! Voyez dans mes enfants des orphelins ! Je ne demande qu'à mourir pour voir finir mes tortures ! Dieu fasse que des âmes charitables et miséricordieuses donnent quelques soins à mes pauvres enfants ! »

« Adieu pour toujours ! »

Le 16/28 septembre, un ami me fit tenir le billet suivant :

« On a placé le Pacha, à Taïff, dans une misérable chambre située dans une tour en ruine. Depuis quatre mois, les vivres lui ont été coupés. Il vit de charités... La nuit, il reste dans l'obscurité ; on ne lui fournit plus de bougies... Ces faits sont irréfutables !... Il ne peut correspondre avec qui que ce soit ! Aucune lettre ne lui parvient. Il est impossible de lui expédier de l'argent. »

Le 7 janvier 1882, j'ai reçu la lettre que voici :

« Haïdar-Bey (fils de Midhat) et le nouveau-né sont très malades. Vous me demandez si nous habitons encore la modeste maison dont je vous ai donné la description !... Nous l'avons quittée !

« Nous avons télégraphié quatre fois au Sultan. Dans nos deux premières dépêches, nous lui avons demandé qu'il nous laissât rentrer à Constantinople ; dans les deux secondes, de nous accorder un maigre subside qui nous empêcherait de souffrir la faim.

« Nous n'avons obtenu aucune réponse !

« Nous vivons dans des conditions bien tristes. Aucun ami ! Des voisins qui nous traitent avec dédain et semblent satisfaits de nous voir dans la misère !

« Que Dieu nous soit en aide !

« Un certain Saïd-Effendi, qui fut un témoin à charge de Midhat, a été récompensé pour son faux témoignage et nommé espion en chef de la Haute Cour de Sa Majesté Impériale. Hé bien, il vient d'être condamné aux galères à perpétuité. On a prouvé qu'il envoyait de faux rapports à Sa Majesté Impériale et vivait de concussions. »

Plus haut, on a vu où en était réduit Midhat !

Ici on voit dans quelles conditions vivait la famille de Midhat !

Le 10/26 avril 1883, sur un ordre venu de Constantinople, le capitaine Ibrahim, le Circassien, le sous-officier Noury et sept soldats se présentèrent à la prison de Midhat et le fusillèrent... Il y avait, à peu près un an, que ce grand homme subissait le martyre le plus douloureux.

La nouvelle de l'assassinat fut immédiatement télégraphiée au « Palais ». Celui-ci envoya, à la presse de Constantinople, le communiqué suivant :

« Sa Majesté Impériale, peinée d'apprendre la mort de Midhat-Pacha, a ordonné de pratiquer l'autopsie, afin de savoir la cause du décès. »

Cependant le « Palais » n'était pas rassuré. Ne pouvait-on avoir expédié une fausse dépêche ? Pouvait-on être sans crainte sur des faits qui se passaient si loin ?

On envoya donc à Taïff le général aide de camp Husni-Pacha, avec ordre de déterrer le corps de Midhat, de détacher la tête et de l'expédier à Constantinople. En effet, le secrétaire du maréchal Osman-Noury-Pacha, au bout de trente jours, arriva avec une malle qu'il porta au « Palais ». La malle renfermait la tête de Midhat !

On a dit qu'elle fut montrée au Sultan, que celui-ci, en voyant cette tête, se serait écrié : « Enfin, je suis, pour toujours, débarrassé de Midhat ! »

On a tué Midhat ?

Oui ! Et après ?

A-t-on fait disparaître son exemple, son verbe ?

Non ! Puisque, aujourd'hui, l'œuvre de Midhat a été reprise et consolidée !

A-t-on éteint sa gloire, fait oublier ses talents, sa bonté, son patriotisme, ses hautes vertus ?

Non ! Puisque, aujourd'hui, d'un bout à l'autre de l'Empire, on crie : « Midhat était un grand homme ! » Puisque son influence, rendue plus efficace par la sympathie que cause la vue d'une souffrance imméritée, devient le plus cher patrimoine de la nation régénérée ! Puisque la patrie ne marchande pas à Midhat le titre de martyr ; puisque ce titre est accepté par le monde entier, en faveur de Midhat !

Il est mort pour son pays ! C'est ce qu'il ambitionnait le plus !

On a tué Midhat ?

Mais il vit, de la vie immortelle, pour ceux qui, de près, l'ont fréquenté, pour ceux qui, de loin, n'ont connu que sa renommée !

Et maintenant, cher lecteur, adieu !

Je n'ai pas grand'chose à dire *pour l'instant !*

J'avais, envers la mémoire de Midhat, une lourde dette de reconnaissance à acquitter ; et j'ai fait de mon mieux pour me libérer de cette dette, en partie tout au moins, en écrivant, bien ou mal, mais avec toutes les forces de ma conscience, le présent livre !

J'ai prouvé que Midhat était honnête !

J'ai prouvé qu'il nourrissait les plus hautes conceptions !

J'ai prouvé qu'il était innocent d'un crime stupide pour lequel on l'a condamné !

J'ai prouvé qu'il est digne de figurer dans la galerie des martyrs célèbres !

C'est ce que je voulais !... *Pour le moment !*

Plus tard, peut-être, Dieu aidant, je m'efforcerai d'obtenir la réhabilitation juridique du grand homme que j'ai aimé. Plus tard, pour l'honneur de mon pays, il faudra qu'un procès d'iniquité soit réformé ! Plus tard, j'oserai ouvrir une souscription afin d'élever à Midhat le monument expiatoire auquel il a droit !

APPENDICE

Je me permets de raconter au lecteur deux historiettes qui me sont entièrement personnelles.

En 1904, je me trouvais à Athènes. J'habitais à l'hôtel « Grande-Bretagne ». Le 17 septembre, de bon matin, on vint m'annoncer que le premier drogman de l'ambassade de Turquie désirait me parler. Je répondis que je ne pouvais recevoir ce monsieur, parce que je n'étais pas encore habillé. Le drogman me fit répondre qu'il avait à me faire une communication importante de la part de Chakir-Djevad-Pacha, ministre de Turquie.

Je fis entrer le drogman.

— Effendi, le ministre a reçu de son frère, le grand vizir une dépêche qui vous regarde.

Je réfléchissais à ce que j'allais dire, lorsqu'on vint me prévenir que le ministre de Turquie était au salon, à m'attendre.

Je descendis au salon.

— Effendi, je ne suis pas sorti, pendant deux jours, parce que je suis assez souffrant. Pourtant, je n'ai pas voulu perdre une minute pour vous faire lire un télégramme de S. A. le grand vizir, mon frère, télégramme que voici :

« S. M. I. le Sultan, notre Auguste Maître et Souverain, daigne offrir à Vassif-Effendi le poste de conseiller d'Etat. J'ajoute que, grâce aux importants services que Vassif rendra certainement au Sultan, il pourra espérer obtenir bientôt une plus haute situation. Sa Majesté Impériale désire que Vassif-Effendi parte immédiatement pour Constantinople. »

Je répondis :

— Je remercie vivement Votre Excellence de s'être dérangée pour me donner lecture de ce télégramme. Je suis très flatté des offres que Sa Majesté Impériale veut bien me faire et de la haute bienveillance qu'Elle me témoigne... Mais je ne puis, en ce moment, rien accepter, ni me rendre à Constantinople.

Le ministre ajouta :

— Je suis militaire !... Je vous parle en toute franchise !... sans diplomatie !... Je ne puis comprendre qu'on refuse une grâce de Sa Majesté Impériale. Quel brillant avenir s'ouvrirait devant vous ! Les grades, les honneurs, la fortune !... Auriez-vous peur ?

— Je ne crains que Dieu seul, Excellence ! Je suis flatté, je le répète, des offres de Sa Majesté Impériale... Je les refuse toutefois !

— Vous serez, peut-être, cause de ma dis-grâce et de celle de ma famille !... Voici la pre-mière mission que je reçois de la part de Sa Majesté Impériale ! Je tenais à remplir cette mission avec succès !... Malheureusement, vous la faites avorter.

— Pourquoi auriez-vous à souffrir de mon refus ? Vous avez transmis une offre qui n'a pas été acceptée... En quoi êtes-vous fautif ?

— Chez nous, cela ne marche pas aussi faci-lement !...

— Fort bien !... Alors, je n'ai pas à retourner dans un pays où les plus simples choses ne marchent pas facilement.

Chakir-Pacha sortit assez penaud.

Le lendemain, je quittai Athènes. Je fus fort étonné de voir le ministre de Turquie monter dans le compartiment de chemin de fer où je m'étais casé. Il alla avec moi jusqu'à Patras, s'efforçant de me persuader d'accepter l'offre du Sultan.

Son insistance fut inutile.

A Patras, je pris le bateau qui me conduisit en Italie.

****

En 1896, au mois d'octobre, je me trouvais à Paris. S. Exc. Achmet-Riza-Bey m'invita à

une réunion du Comité des « Jeunes-Turcs »,
réunion où je prononçai le discours suivant :

— Messieurs, je suis on ne peut plus satisfait de me trouver parmi vous. En effet, vous
êtes des hommes qui avez tout sacrifié, aisance,
grades, honneurs, tout risqué, même la vie,
en n'ayant en vue que la grandeur de la Patrie
et le fonctionnement de la Liberté. Vous êtes
des hommes que j'estime grandement ; et l'on
est bien parmi ceux qu'on estime « de cette
façon ! »

« Certes, la Liberté est le plus grand idéal,
celui qui inspire l'abnégation, les sacrifices, le
courage le plus haut !

« Vous avez au cœur ce noble idéal !

« Nous sommes peu nombreux !... Qu'importe ! puisque nous somme unis ; puisque
notre but est le plus élevé possible ! Un groupe
compact et ne ménageant pas ses efforts, un
groupe possédant la conscience d'agir pour le
bien, a, pour le moins, la puissance d'ouvrir
une voie qui sera suivie par d'autres adeptes !

« Quoi qu'il arrive, nous aurons accompli un
devoir, et nous grouperons une suite toujours
plus grande d'imitateurs zélés !

« Que demandons-nous ? D'avoir des *droits !*
de posséder des devoirs ! Et, afin d'atteindre
ce but, nous prononçons un mot, — qui fait

pâlir et trembler nos gouvernants ! — le mot
de « Constitution ! »

« Cette Constitution qu'un de nos plus
grands hommes d'Etat a su nous faire
octroyer !...

« Cet homme illustre a payé de sa vie, il est
vrai, sa victoire glorieuse !... Son œuvre a été
abattue ! Mais nous sommes là ! Nous avons
relevé le drapeau ; et nous voyons déjà poin-
dre l'aube du jour de la réparation !

« Ce qu'il nous faut, c'est cette Constitution,
dont nous ne cesserons de demander le nouvel
octroi, et nous obtiendrons, de la part des puissances européennes, dans nos efforts, qu'elles
ne nous ménagent pas leur appui ! Que dis-je,
cet appui, nous l'avons déjà, puisqu'elles ont
accepté de contrôler officiellement la valeur de
nos plaintes et le poids de nos souffrances !

« Nous ne sommes pas des révolutionnaires !
Nous ne préconisons les désordres ni les émeu-
tes, les révolutions ni les assassinats ! On nous
a attribué des crimes, à nous qui ne cherchons
qu'à agir dans la paix et dans l'ordre, qu'à établir l'ordre et la paix ! Qu'importe, au reste,
les calomnies d'ennemis aveuglés et affolés.

« Nous demandons la garantie de nos biens,
de nos existences, les libertés compatibles avec
nos usages !... Est-ce une exigence coupable ?

« Messieurs, crions : « Vive la Constitution ! »
Mais avant, permettez-moi de vous dire qu'il
nous faut acclamer la mémoire du grand et
bon Midhat, ce fondateur de la renaissance
ottomane !

« Messieurs, gloire à Midhat ! » (Oui ! oui !
gloire à Midhat !)

Fuad-Bey voulut bien me répondre :

« Nous sommes heureux et honorés, Excellence, de vous compter parmi nous, car vous
travaillerez avec nous et nous seconderez vaillamment dans la lourde tâche que nous avons
acceptée : celle de rétablir le règne de la Justice, de l'Ordre, de la Paix et de la Liberté !

« Vous avez été le secrétaire — non ! l'ami
et le conseiller écouté ! — de Celui que nous
pleurons, que la Patrie pleure, et que la postérité mettra au nombre des martyrs célèbres ! Votre intimité avec le grand Midhat, le
père de la Constitution ottomane, vous a fermé
les portes du « Palais », vous a contraint à
vivre exilé, à briser votre carrière !...

« Excellence, votre nom n'en resplendit que
mieux !

« Vous avez dit, avec la plus saine raison,
que nos revendications sont — et doivent être
— basées sur la légalité !... Les moyens violents, je vous le jure, nous inspirent de la

répulsion, et, de plus, nous ne les acceptons pas — nous ne les accepterons jamais — parce qu'ils sont nuisibles à toute cause sainte et juste.

« Nous voulons l'évolution dans la paix publique, non la révolution dans la guerre civile et fratricide !

« On nous montre, parfois, en des objections que soulève notre conduite, l'exemple de la grande Révolution française. Ce n'est pas à moi, étranger, hôte de la France, de critiquer ici cette Révolution...

« Toutefois, il m'est permis de dire que chaque époque offre des mœurs diverses ; que les mœurs, le caractère, les traditions, les besoins de notre pays n'ont qu'une lointaine analogie avec l'état de choses qui existait, en France avant 93 ; que nous avons, en Orient, à compter, à tout moment, avec l'intervention des puissances européennes... Selon le mot connu de lord John Russell, les règles diplomatiques, concernant les relations d'Etat à Etat, sont très diverses quand la Turquie est en jeu et quand c'est telle autre puissance.

« Notre modération est reconnue par le Sultan lui-même. Il y a quelques années, la fondation du Comité de la « Jeune-Turquie » passa inaperçue... Aujourd'hui, non sans succès, nous traitons avec le « Palais » !

« Je désire vous citer deux exemples :

« Celui de ce bon softa qui, ayant donné asile à des Arméniens traqués par la police, dit aux policiers : « La sainte loi du Prophète « m'ordonne de protéger tout malheureux ! « Vous ne pénétrerez dans ma maison qu'en « foulant mon corps ! » Notre presse a loué ce softa ; nos agents ont obtenu qu'il ne fût pas poursuivi.

« Le second exemple est aussi probant. Des prisonniers gémissaient dans des prisons malsaines. Notre presse a prouvé l'innocence de ces hommes ; nos agents ont obtenu leur élargissement ! »

« Vous avez pu constater, Excellence, que vos paroles pacifiques ont trouvé, parmi nous, le plus sympathique écho. Les calomnies ou les railleries ne sauraient nous émouvoir et modifier notre programme. Ce sont, aujourd'hui, des hommes, qui veulent la Liberté et l'Ordre que vous voyez autour de vous et qui vous applaudissent parce que vous voulez, comme eux, l'Ordre et la Liberté ! »

[*]

Depuis lors, je me suis inscrit sur la liste du Comité. Depuis lors, j'ai vu, chaque jour, la « Jeune-Turquie » s'amplifier, progresser...

Et je vois, aujourd'hui, la Constitution de Midhat devenue, à nouveau, la loi fondamentale de mon pays.

Et je vois également la renommée du Martyr grandir et se vêtir du nimbe de l'immortalité !

Paris, Soc. an. de l'Impr. Kugelmann (L. Chédot, direct.),
12, rue de la Grange-Batelière.